JN036921

学力は「ごめんなさい」にあらわれる

岸 圭介 Kishi Keisuke

★――ちくまプリマー新書

466

目次 ＊ Contents

はじめに

「何回言えばわかるの！　いいかげんにしなさい！」

いらだつ気持ちを抑えきれずに、小さな子に感情的になっている親を見かけることがあります。

片付けたばかりの部屋をすぐに散らかす。家を出る時刻になっても、まだ着替えない。汚れた手のまま、平気でおやつを食べる。

親の期待どおりに、子どもは動かないものです。強い口調で「何回言えばわかるの！」と親が子どもに伝える様子は、めずらしくないでしょう。

子どもを一方的に叱りつけ、うんざりした顔をしている親。反対に、自分が叱られているという実感すらないように見える子。最後には納得のいかない表情で「ごめんなさい」と小さくつぶやきます。

あきらかに親子のコミュニケーションはかみ合っていません。

でも、こうした光景が当たり前になっている家庭はよく見られます。

「元気な男の子だから、仕方がないのよね……」

「素直に言うことを聞くタイプではないみたい……」

「もう少し大きくなれば、きっと落ち着くだろう……」

うまくいかない理由を並べながら、親は日々をやり過ごします。行動が変わらないのは、子どもに原因があるから、というのが前提です。

もちろん、遺伝や性別の影響もあるでしょう。発達や性格の問題もあります。

しかし、子育てがうまくいかない理由はそれだけではありません。

子どもの行動を決定している要因は、親のことばの教え方にもあるのです。

子どもが同じ行動をくり返すということは、すでにはっきりと一つの答えが出ています。親はたしかに何回も言ったのかもしれませんが、子どもに正しく伝わってはいないのです。

「言ったこと」と「伝わったこと」が必ずしも一致するとは限りません。これは残念ながら、紛れもない事実です。だから、このまま変化がなければ、親にとっては「何回も言ったという事実」と「いらいらする気持ち」だけが、ただつみ重ねられるだけです。

このように説明すると「じゃあ、親はどうしたらいいの？」と思われるかもしれません。その答えを出すためには、「子どもにことばが正しく伝わる」ということについて、真剣に考えてみる必要があります。

本書では、大人が子どもに対して、特定のことばの意味や価値を教えることを「ことばの教育」と呼びます。ことばの学び方によって、人の成長は大きく変わります。先ほどの例で言えば、子どもが親の言うことを聞かないのは「ことばの教育」の結果と考えられるのです。

ことばには知らず知らずのうちに築いてきた価値観が反映されています。それは絶えず変化をしながら、着実につみ重ねられてきたものです。ことばに対する価値観が子どもの行動を決定していきます。

大人が気づかないうちに、子どもはことばの意味を誤って学習していることがあります。言動に違和感を抱くとしたら、それはことばの学習の結果である可能性があるのです。

だから、子どもをよりよい方向に変化させたいのであれば、考えなければいけないのは「ことばの『意味』と『価値』をどう伝えるか」なのです。

本書では、筆者の小学校教師の経験をふまえて、ことばの理解が子どもの成長にどのように関わっているのかについて明らかにします。家庭や学校でよく見られる事例を手がかりにしながら、いっしょに確認をしていきましょう。

第1章

ことばの意味と価値

――「ごめんなさい」に見えることばの学び

予習

子どもの成長を正しく捉えるには、使っていることばに注目をします。ことばの裏側にある価値観を読みとるのです。

例えば、「はじめに」で挙げた親子のやりとりでは、最後に子どもが「ごめんなさい」と言っています。仕方がなく口にしていることは、はっきりとしていますね。このような場合は、納得をしていない原因を探ってみることが大切です。

「ごめんなさい」ということばを、誰もが一度は使った経験があります。叱られたり、失敗をしてしまったりしたときは、大人から「ごめんなさい」と言って謝るように教えられたことでしょう。小さな頃から「ごめんなさい」ということばをくり返し使って、わたしたちは社会性を身につけてきています。

それだけに「ごめんなさい」は、子どもの成長を知る一つの手がかりになります。どのように使うかで、ことばを学習してきた過程を知ることができるのです。

本章では「ごめんなさい」の意味と価値を考えることからはじめましょう。

「ごめんなさい」には違いがある

子どもに失敗は付きものです。失敗をどのように次の行動に生かしていくかが、成長へのかぎになります。子どもの成長過程に「ごめんなさい」を伝える機会がないことは、現実的に考えられないでしょう。

諸説ありますが、「ごめんなさい」の語源は「御免」とされています。もともとは許しを請う相手をうやまうことばとして使われていたそうです。時間が経つにつれて、自分のあやまちを詫《わ》びる気持ちを表し、相手の許しを求める意味に変わっていきます。

小学生向けの国語辞典にも「ごめん」は「あやまるときに使う言葉。丁寧に言うときは、『ごめんなさい』」とはじめに記載されています（『三省堂　例解小学国語辞典　第七版』）。

この定義に納得をしない人はいないかと思います。辞典がわかりやすく示しているように、謝らなければいけない場面で使うことばです。幼少期に失敗をしたとき、親からうながされて使ってきたことは間違いないでしょう。

しかし、実際に「ごめんなさい」の意味は、使う人によってかなり違うものになります。このような言い方をすると「『ごめんなさい』の意味は、常識的に考えてもほとんど同じはずだ」と考える方もいるかもしれませんね。辞典にも多くの意味は書かれていません。

たしかに一般的にはそうです。けれども、現実的には生活の中でかなりずれることがあるはずです。

一度、立ち止まって「ごめんなさい」の意味について考えてみましょう。大人になってからも「ごめんなさい」ということばは、身近にあるものです。皆さんも自分自身が口にしたり、相手から言われたりした経験があるはずです。

例えば、あなたが知り合って間もない友人と待ち合わせをしたとしましょう。次のような状況です。

ふと時計を見ると、友人と約束をした時間はもう過ぎています。はじめのうちは「もうすぐ来るだろう」と軽く思っていたものの、時間が経っても友人の姿は見えません。「待ち合わせ場所と時間は合っていたかしら……」、「もしかしたら事故にあったのかも……」など、さまざまな心配事が頭をよぎりながら、相手を待つあなた。スマートフォンをチェックしても、特に連絡はきていないようです。時計の針は進む一方で、だんだんと気持ちは落ち着かなくなってきます。

しかし、気がつけば友人はそんな思いなど素知らぬ顔でやってきます。おもむろに近づきながら、にこやかに手を合わせて「遅れてごめんなさーい」と口にします。それほど悪びれる様子もなく、平然と発せられたこの一言に、あなたははっきりとしたいらだちを覚えます。

「自分はずっと待っていたのに、なんでそんな適当な言い方なの？」

心の内にこんなことばが思い浮かびながら、口に出せない何とも言えない歯がゆさ。友人の態度と自分の気持ちとの間に、かなりの温度差を感じることもあるでしょう。

ですが、現実問題として、残念ながら友人の「ごめんなさい」は、あなたが使う「ごめんなさい」と意味が違ったのです。きっとあなたは次のように思ったはずです。

「この状況で、わたしならそんな軽々しく『ごめんなさい』なんて言わない」と。

このように、ことばの感覚には「ずれ」があるものです。

人は経験に基づいて、ことばの意味を体感的に学んでいきます。きっとその友人の「ごめんなさい」は、あなたが成長過程で使ってきた「ごめんなさい」とは、もはや違うことばなのです。

ことばの意味は経験で決まる

ことばの意味は、いわゆる辞書的な意味をおぼえていれば事足りるというわけではありません。なぜなら、使う人の気持ちやこれまでの経験がはっきりと表れるからです。

先ほどの遅刻の例では、「ごめんなさい」ということばと使う状況との間に、明らかなずれがあったのです。それこそが、あなたが感じた違和感の正体です。

おそらく、友人にはあなたの機嫌がなぜ悪くなったのかがわからないのです。場合によっては「もしかして、遅れてきたことをまだ怒っているの？」のように、まったく予想外だという面持ちであなたに確認をしてくるかもしれません。この自分の感情が届かないもどかしさが、さらに場の空気を悪くしていきます。

逆に不快感を抱いた人が、反対に待たせてしまう立場だったとしたら、「友達の時間をうばってしまったこと」や「必要のない心配をかけたこと」、「暑い（寒い）中に長い時間立たせてしまったこと」など、考えられる相手の状況を加味した上で、それに見合った「ごめんなさい」を伝えたことでしょう。この「ごめんなさい」は、先ほどの軽々しいものとは明らかにことばの質が違うはずです。

人と人とが分かり合えるかどうかは、ことばの使い方の問題に集約されます。ことばに関わる感覚の違いというのは、人間関係をいともかんたんにくずすことにもつながります。

「ことばを知っている」とは単純な知識の問題ではなく、「ことばをどう受け止め、どう使うか」という感性の問題なのです。

そして、人がことばの意味や価値を身につける土台は、幼少期から築かれてきています。

ことばの意味には「軽さ」と「重み」がある

ことばをどのように覚えてきたかは人それぞれです。ことばへの感覚が、確実に子どもの性格や行動特性に作用しています。

「行儀を見れば、育ちがわかる」と昔からよく言われます。ことばの扱い方にも、家庭環境や成育環境が反映されているのです。

子どもは体験を通じて、ことばの意味や価値を学習していきます。幼い頃を思い出しながら、子どもが謝る場面を想像してみてください。

例えば、子どもが進んでお手伝いをして、お皿を割ってしまったときの「ごめんなさい」。

子どもには何事もやってみたいという純粋な思いが強くあります。思いやりの気持ちをもって、お皿をふいたり、片づけたりしていたのでしょう。割ってしまったのですから、不注意という意味では、もちろん問題があります。このお皿が貴重なものや思い出の品であれば、一大事かもしれませんね。

しかしながら、ほとんどのケースでは、自分から家族を支えようとする気持ちが感じられるほほえましいエピソードになるでしょう。

もう一つ、違う例を挙げてみましょう。落ちていた木の枝をふざけてふり回し、友達の顔を傷つけてしまったときの「ごめんなさい」。

子どもは後先を考えずに行動をしてしまうものです。残念ながら、この例では自分勝手なふるまいによって、友達にけがをさせてしまっています。しかも、顔です。

場合によっては、傷跡が残ってしまうこともあるかもしれません。一歩間違えれば、目が見えなくなってしまった可能性もあるでしょう。相手があることですから、さらにとり返しのつかない事故になったことも考えられるのです。

どちらの例も謝ることが必要な状況なのは間違いありませんね。

しかし、くらべてみるとよくわかりますが、同じ謝る場面であってもやってしまったことの大きさを考えると、これらの「ごめんなさい」は、明らかに軽重が違うはずです。

前者のお手伝いの例であれば、子どもが「ごめんなさい」ということばを発しなかったときには、善意の行動からの失敗であっても謝ることの大切さを説くことが必要でしょう。お手伝いをしようとした気持ちを尊重しながらも、自分から非を認める正直な姿勢を価値づけてあげればよいのです（教育現場では、子どもの望ましい言動をとり上げ、その重要性を伝えるときに「価値づける」という表現をすることがあります）。

後者のおふざけの例であれば、誠意をもって、自分のやってしまったことを心からお詫びする必要があります。親もまた同じように、傷つけてしまった友達や保護者に謝意を伝えることが望ましいでしょう。

子どもには、木の枝のような危険なものをふり回さないこと、周りをしっかりと確認してから行動すること、人を傷つけることはしてはならず、もし傷を負わせてしまったときには、誠実に謝罪の気持ちを伝えることなどが必要だと教えることが求められます。「ごめんなさい」ということばを伝える過程で、大人が子どもに教えるべきことは、同じことばであっても、状況や程度によってその重みが変わるということなのです。

親の感情と子どもの「はい」

親が注意をするときは、子どもがことばの意味をどう受け止めるのかを具体的に想像しなければいけません。

友達を傷つけてしまった場合に「もう仕方がないわね」と、簡単にすませてしまうことは問題です。もちろん、けがをした状況や程度にもよります。しかし、人を傷つけることは「仕方がない」では本来すまされないはずです。親同士が会話に夢中になりながら、子ども同士のもめごとを適当に対応したり、流したりするようなことがあれば、その程度のことだと子どもは感じとります。自分がやってしまったことの価値づけを、親のふるまいによって子どもは学習しているのです。

でも、きびしくすればよいという単純な問題でもありません。

よく見られるのは、どんな状況であっても一律に「何やっているの！『ごめんなさい』と言いなさい！」と一方的な感情をぶつけて、親が叱りつづけている場面です。

子どもにしてみれば常に同じ強さで圧力がかかっているのですから、これらの「ごめんなさい」に、区別をつけることは難しくなります。

本来、ことばの意味には幅があります。自分がやってしまったことの大きさに比例して、叱られるはずです。でも、この場合には、どちらの「ごめんなさい」も意味や価値は同じになるのです。

こうして、子どもはことばの意味を間違えて学習していきます。物事の良し悪しに軽重がつかなくなるのです。そして、自分のあやまちをふり返ることもなくなります。何か行動を起こすときの判断基準は、「親の感情」というただ一点です。

このような状況下で、子どもに「わかったの？」と強く問えば「はい」と答えるでしょう。子どもにしてみれば、「叱られている」という望ましくない状況を一刻も早く終わらせたいのです。たとえ何だかわからなくても、返事は「はい」になります。ここでの「はい」に、親が期待する意味や価値はふくまれないのです。

一方、親が注意した意図を子ども自身が理解したと思いこんで「はい」と返事をすることもあります。その場合、親が望んだことではなく、何か別のことが伝わっていることもあるでしょう。

例えば、子どもが口の中に歯ブラシをくわえて動き回る様子を思いうかべてください。転倒すれば、大きなけがをしてしまいますよね。親は「安全」という側面から注意をすることになります。おそらく子どもは「ごめんなさい」と口にするでしょう。

しかし、この後に箸やフォークを口の中に入れたまま平然と歩いていたとしたら、親の意図はまったく伝わっていないことがわかります。子どもは「歯ブラシをくわえて動いていたから叱られた」と勘違いしているかもしれません。もしくは行為の危険性がまだよくわかっていないこともあるでしょう。

親がもう一度注意をするときに意識しなければならないのは「前にも歯ブラシを口に入れたまま歩いて叱られたのに」、もしくは「喉にささるかもしれないほどにあぶない行為だったのに」という意味を含んだ「ごめんなさい」にさせることです。必要に応じて、歯ブラシと箸やフォークは尖《とが》った形状が似ていることを確認したり、喉にささることが何を意味するのかを具体的に想像させたりすることが大切です。

「ごめんなさい」ということばの意味を学習するのは、子ども自身です。先ほどもお伝えしましたが、「言ったこと」と「伝わったこと」が一致するとは、残念ながらかぎりません。親が抱いていることばのニュアンスが、そのまま正しく子どもに伝わらないこともあるのです。

「ごめんなさい」の「質」と「量」を考える

もう少しだけ、「ごめんなさい」の話を続けましょう。

先ほどは、やってしまったことの大きさや状況の違いで「ごめんなさい」の言い方を変えることの必要性を確認しました。

一般的に学校では、大きなけがにつながる危険な行動についてはよりきびしく対応します。特に頭部のけがは、重大な症状になりがちです。事故を未然に防ぐことが求められます。

子どもが高いところからふざけて飛び降りたり、人に石を投げつけてしまったりした場面では、その危険性からも確実にやってはいけないということをわからせなければいけません。

注意をしたときに、「ごめんなさい」に重みが感じられない場合には、おそらく子どもの安全意識は変わっていないでしょう。またあぶない状況が生まれることを教師はわかっていなければならないのです。

だから、「ごめんなさい」には質の問題があります。

でも、まだ小さな子どもです。くり返し間違いをおかしてしまうことがあります。

学校では廊下は走ってはいけないと指導をされますね。出会い頭に人と人とがぶつかったら、確実にけがにつながるからです。

それでも、つい走ってしまうことはあります。

例えば、ある子どもが中休みに廊下を走っていて、教師から注意をされたとしましょう。でも、昼休みに同じ子が廊下を走っている場面を目撃することになった。あなたが教師であれば再度注意をしなければいけませんね。そのときに意識するべきは、くり返される「ごめんなさい」の意味に付け加えをしていくという視点です。

すでに廊下を走ってはいけないことを子どもには伝えています。

指導に対して、その子はたしかに「ごめんなさい」と言った。

でも、現実的にまた目の前を走っている。

この時点で先ほどの「ごめんなさい」は「ごめんなさい」として、成り立っていません。

わかっているのに同じことを二回くり返したときには、やってはいけないことをより強く子どもにわからせなければいけません。こちらの言い方をより真剣に伝えるようにしたり、必要に応じてきびしくしたりすることで、「ごめんなさい」という意味を体感的に理解させるためです。

簡単にいえば、「ごめんなさい」ということばは、同じ状況では二度と使わないことばである、と学習させる必要があるのです。

何かあればすぐに「ごめんなさい」と言えばいいと思っている人がいます。

一方で「ごめんなさい」ということばは、人と人との信頼に直結するから気をつけて使おうと心がけている人もいます。

二人の言語感覚のずれは明らかです。一回の「ごめんなさい」の価値も異なります。だから、「ごめんなさい」には量の問題もあります。

もちろん、やってしまったことをひどく後悔して、「ごめんなさい」ということばをくり返し伝える子どももいます。涙を流しながら、顔を真っ赤にして、気持ちを改めたことを体全体で伝えている子を想像してください。

このときの「ごめんなさい」は、何度口にしても価値が下がることはないでしょう。むしろ、その子は「ごめんなさい」を言うたびに、誠実に伝えなければいけないことばだということを体感しています。そして、相手に受け入れられたときにはじめて、自分がやれるかぎりのことを尽くして「ごめんなさい」が届くことがあると学ぶのです。

でも時々、適当な態度や言い方（質）で何回も同じ過ち（量）をくり返している子どもが使う「ごめんなさい」に対して、自然とこんなことばを大人が口にすることがあります。

「本当に『ごめんなさい』って思っている？」

使っている本人が気づいているかはわかりませんが、このことばには、質と量の側面から「ごめんなさい」を考えてほしいという暗黙のメッセージが込められています。

もちろん謝ることは大切です。その一方で「ごめんなさい」が信頼に直結することばだということを教えるのは、大人の役割なのです。

ことばが届く人と届かない人

「はじめに」で挙げた例に戻ってみましょう。「何回も言っているのに言うことを聞かない」という子どもの例を挙げました。よく見られるケースでしたね。

納得をせずにつぶやいた「ごめんなさい」は、実質意味のない形式的なことばでした。今まで確認をしてきた例からも、子どもにとっての「ごめんなさい」の意味や価値を修正していく必要があります。

では、親はまずどうすればいいのでしょう。

あなたが親なら、どうしますか。

方法はおそらく一つです。自分や子どものことばの使い方を修正して、子どもに新たな価値観をつくるしかありません。大人もまた自分がことばをどのように使っているかをふり返る必要があります。

「何回も言う」ということは、当然、親はそれだけ大事だと思っているのです。だって、言うことを聞いてほしくて必死なのですから。想《おも》いは行動に表れるものです。

でも、「何回も言う」ということは、基本的には一回に伝わる「ことばの価値」は、それだけ下がるということです。

もちろん、子どもが失敗をしたときに謝る例で確認をしたように、子どもが何度も必死な様子で謝り続ければ、言う回数を重ねるたびに、大人の気持ちは動くはずです。本気度が伝わるからです。

しかし、親が感情的に何回も同じことを話す場合は、子どもの気持ちが変わることは少なくなるはずです。一方的にことばを言い放つ大人は「伝わること」よりも「伝えること」に意識が向いているからです。

お説教がはじまったときに「また同じことを言っているよ……」とひそかに思ったことはありませんか。

言いたいことはわかる。

でも、自分には届かない。

聞こえてはいるけれど、心には入ってこない。

目の前にいる大人の想いが届かないという状況は、誰しも経験があるのではないでしょうか。

相手に想いを伝えるときに、話の内容はたしかに大切です。では、次の例ではどうでしょう。

「君には、可能性がある」

こんなことばを真剣なまなざしで言われたら、心が動くこともあるでしょう。

でも、このことばは、誰があなたに伝えたとしても**すべて**同じ価値になりますか。

たぶん、残念ながら答えはノーでしょう。

「この人に言われたら本当にうれしい」ということがあるはずです。それはあこがれの上司や先輩かもしれません。尊敬してやまない有名人ということだってあるでしょう。

でも、反対に「この人にだけは言われたくない」ということだってあるはずです。人によっては、むしろこちらを想像する方が簡単かもしれません。

同じことばをかけてもらったのに、抱いた気持ちは真逆になる。

ことばは決して内容だけの問題ではない。

「ことばの教育」では、子どもにとって大人がどちら、、、の側にいるかが重要なのです。

ことばの価値は聞き手が決める

小学校のときの教室を思い起こしてください。

たまに隣のクラスの先生が入ってくると、いつもと違う緊張感が走ることもあります。教室の雰囲気は、どの先生が来たかによって違ったはずです。

しんとしている教室で「なぜみんなこんなにしずかなの?」と聞いてみたら、「だって、〇〇先生の授業だから」なんて素直な答えが返ってくることもあるかもしれませんね。先生によって、子どもの反応は変わるものです。

でも、その引き締まった空気もまた教師の「ことば」がつくっているのです。

その先生の「少ししずかにしよう」という一言は、おそらく他の先生とは重みが違います。場合によっては、他の先生の「もっとしずかにしよう」よりも効果があることでしょう。

だから、子どもと正しくコミュニケーションをとりたいのであれば、まずことばが届く人になることをめざすべきです。

これは決して暴力的に子どもを支配したり、強制的に物事を進めたりした方がいいという意味ではありません。大事なのは、一回のことばを真剣に届けようとする姿勢そのものにあります。

おだやかな性格の持ち主であっても、ゆっくりと一言ひとことをかみしめながら話す人を見ると、思わず聞き入ってしまうことがあります。じっくりと時間をかけて、ことばをていねいに選びながら話す様子から、わたしたちはその人が放つことばの重みを自然と感じとっているのです。

これは一対一のやりとりだけではなく、一人が大勢の前で話す場合も同じです。

例えば教師がクラスで「全員がこちらを向いたら、話をします」と口にしたら、その場にいる児童全員がしっかり向くのを確認してから話をはじめなければいけません。

子どもは、教師がどうふるまうかによって、本気度を測っています。もしここで全員がこちらを向く前に話をしてしまえば、子どもは「言っていることとやっていることが違う」と即座に判断して、その教師のことばに耳を傾けようとはしないでしょう。

なぜなら、ことばが軽いからです。

ことばの価値は、話し手の行動と必ずセットになる。これが鉄則です。

「自分の言ったことに責任をもつ」ということばがあります。ことばの価値がいかに話し手と結びついているかを示していますね。

子どもに注意をするとき、できるかぎり一度でそのことを止めさせるように大人は努めるべきです。自分自身のことばに重みをもたせることにつながるからです。

その意味で「何回言えばわかるの」ということばは、簡単に言ってはいけないことばなのです。ここをまず修正しなければいけません。

「ことばの教育」を考えるとき、教育する側にいる立場の人がどのようにことばを使っているかは、大きな問題です。

口にしたことは、必ず守る・守らせるということが、ことばの価値を高めるいちばんの方法です。「この人の言ったことには重みがある」、「この人の言うことなら信じられる」といったたしかな実感が、ことばの意味をさらに重厚なものにしていくのです。

ことばに「悪意がない」という罪

「ごめんなさい」を切り口として、いろいろな角度から子どもがことばを学んでいく様子を確認してきました。皆さんもあらゆる大人のふるまいから、ことばの意味と価値を学習してきたはずです。

こうして子どもが学ぶ様子を客観的に見てみると、ことばを使うことの怖さも感じられてくるはずです。子どものことばには、大人の教えや価値観が反映されているからです。

相手の立場で「ごめんなさい」を伝えられる子は、幼いころから中身のあるコミュニケーションを経験してきています。失敗をしたときに、親が理由も含めて具体的に示してきたはずです。親は子どもにとって「ことばが届く人」でしょう。

反対に「ごめんなさい」と形式的に謝ることが習慣になっている子は、ことばを介したやりとりに意味があるとは思っていません。ことばを好ましくない状況を回避するための道具として捉えています。ことばに対する感度が低い子は、友達とのやりとりもうまくいかないものです。

幼少期のことばの教育は、人間関係づくりにも強く影響します。子どもの世界にある対人関係のトラブルも、そのほぼすべてがことばの問題に集約されます。

凄惨ないじめに関わる報道を目にすると、画面には相手の存在を否定することばがならびます。「うざい」、「きもい」、「死ね」……事件になった際に、ことばづかいに問題がないケースは考えられないはずです。反対にいえば、ことばを正しく使うことができれば、トラブルは起きないということです。

それだけ、ことばの力は強い。

子ども同士のことばのやりとりで問題になるのも、送り手と受け手のことばの価値や意味が異なるときです。例えば、教室の中でふざけている子に対して、近くの子が次のように声をかけたとします。

「ねえ、ちょっとうざいんだけど」

言った本人は、注意をうながす程度の意味で使っています。だから、特に配慮することなく、ごく普通のことばとして口にしているのです。

一方で言われた側は、このことばを軽く受け止めてはいません。なぜなら、かけられたことばを知ってはいても、日常的に自分の使う範疇《はんちゅう》にないことばだからです。「うざい」は、人に対して簡単に発していいことばではないと経験的に学んできています。だから、文字通りに「めざわりで邪魔な存在」と言われたように感じます。大勢の前でぞんざいに扱われたと受け取っているのです。

言われた側が何事もなかったようにふるまったとしても、実際の心のなかはおだやかではありません。すでに修復不可能なぐらいに、二人は大きくボタンをかけ違えています。

注意をしたいのは、言った側がそれほど悪意を感じていないという点です。使うことばに対して「善／悪」という感覚がなければ、当たり前です。相手や状況に応じて、ことばを選ぶという経験そのものがないのです。

だから、これからも二人の間でちょっとしたやりとりが進むたびに、一方的に心理的な距離は広がるばかりです。言った側は物事が進行していることにまったく気がつきません。気がついたときには、言われた側は重い口を開いて、ずっと我慢をしてきたこと、いかに相手が自分を傷つけてきているかということについて、とうとうと語るのです。

そして、事態が悪化してすべてが明らかになってから、言った側は真顔でこのように返答をすることでしょう。

「自分には、そんなつもりは全然なかった」と。

これがことばを介するトラブルの構図です。

「ことばの教育」の重要性

この構図をどこかで見たと感じた方もいることでしょう。前に紹介した待ち合わせでの「ごめんなさい」の例と、すれ違い方に重なるものがあるはずです。

大人でも子どもでも、ことばの感覚がずれることに大きな違いはないのです。人間がことばを中心にやりとりをする生き物であるかぎり、この事実は変わりません。そうであるならば、ことばの意味が凝り固まってしまう前に、子どものことばを修正するほうが望ましいでしょう。

いかがでしょう。幼少期からの「ことばの教育」が果たす役割の大きさを感じていただけたでしょうか。「ことばを教える／ことばを学ぶ」ということは、決して簡単ではありません。

「ごめんなさい」ということばは、一つひとつ同じではないのです。

「ごめんなさい」を使ってきた経験値、「ごめんなさい」を教えた人のことばの重み、「ごめんなさい」を伝える方法……ことばは、こうした一つひとつが絡み合って伝わります。

たった一言の「ごめんなさい」から、伝わる情報は実に多いのです。

ことばの意味は、常に自分の経験と隣り合わせで決まっていきます。辞書に載っている意味がすべてではないのです。この事実を幼少期にしっかりと理解することは、その後の成長に大きく関わってきます。

ここまでとり上げてきた具体的な例をふり返りながら、自分自身や身近な人のことばの環境を見つめ直すと、多くの気づきがあることでしょう。すべてのことばは、その人をあらわすことにつながります。怖いことですが、事実です。

この事実への理解が「ことばの教育」を自分のものにする第一歩です。

次の章からは、子どもが日常的に行っている学習場面を具体例としながら、ことばを学ぶことの意義についてさらに考えていきます。「ことばの教育」にもう一歩、ふみ込んでいきましょう。

第1章の復習

・人は経験を通じて、ことばの意味と価値を体感的に学んでいく。そのため「ごめんなさい」という感覚は、人それぞれ異なる。ことばへの感覚が子どもの性格や行動特性に影響を与えている。

・状況や程度を考慮せずに一律に叱ってしまうと、子どもは物事に対して軽重の判断がつかなくなる。安全に関わる場合は厳しく対応するなど、叱る程度や内容を変えることが大切である。

・同じ情報でも、誰が話すかによって聞き手の意識や理解度は変わる。ことばに責任をもつ人の話は、緊張感をもって聞くようになる。

第2章

聞くこと――「しずかにしなさい」がうばうもの

予習

幼少期のことばの理解は、子どもの学力形成にも影響を与えます。

ことばを学習の軸とする小学校国語科は、大まかにいえば「話すこと・聞くこと」、「書くこと」、「読むこと」を通じて、思考力や判断力、表現力などを育みます。

この章ではまず「聞く」という行動に焦点を当てていきます。「聞く」という行為は、ふだん何気なく行っているものです。それだけ無意識に子どもは、「聞く」ということばの意味と価値を学んでいるものです。

本章で中心的に扱うのは「しずかにしなさい」という注意についてです。元気のよい子どもに対するお決まりのフレーズですね。ついつい大人が使いがちなことばだからこそ、その影響力を理解しておくことは大切です。

実際にこのことばを子どもが素直に受け入れるようになると、かえって聞く力が伸びなくなることがあります。「しずかにしなさい」は万能ではありません。その理由を子どもの目線で考えていきましょう。

「聞くこと」の正体

「ことばは人を表す」といいます。人のことばには、これまでの経験や置かれた環境がにじみ出るものです。

「こんにちは」のあいさつだけでも、雰囲気やふるまいから何かしらその人の人柄を感じとることができますよね。わたしたちの使っていることばは、ただ道具として意思疎通をやりとりするだけではありません。その人が生きるうえでの土台のような、発したことば以上の情報を他者に与えているのです。

話しことばは目には見えませんが、音声として確実に残すことができます。わたしたちは活字を読んだり、文章を書いたりして、見える形式でコミュニケーションをとることもできます。

でも、「聞く」という行為は、実態が見えづらいものです。

「お母さんの話をよく聞いていてえらいね」

「尊敬する先輩は聞き上手なんだ」

「あなたは聞く姿勢がすばらしいね」

どれもすべて「聞くこと」を評価する内容です。日常的にも違和感なく使われる会話文かと思います。

一方で、それぞれの話し手にとって、価値があると認めている「聞く」は、果たしてすべて同じ意味なのでしょうか。

一つ目の例に挙げた「お母さんの話をよく聞いていてえらいね」という台詞《せりふ》は、子どもがお行儀よくしている姿を褒めたものです。こんな言い回しでご高齢の方が声をかけていることがありますよね。ほほえましく子どもを見つめる表情が目に浮かびます。思わず話しかけてしまいたくなるほど、子どもが健気《けなげ》な様子に映ったのでしょう。

では、ご高齢の方は何をもって「よく聞いている」と判断されたのでしょう。

話をしたい子ども、聞きたくない大人

一般的に「聞く」ということばは、どのような意味で使われているでしょうか。そのことを正しく理解するために「しずかにしなさい」という表現に注目してみましょう。

「小さな頃によく言われたなあ」と苦笑いする人もいるかもしれませんね。「しずかに

しなさい」は、大人が話を聞かない子どもに対して最後に投げかけることばです。それだけ無自覚に使ってしまうものです。このことばの怖さは、たった一言でコミュニケーションを断ち切ってしまうことにあります。

まず日頃よく見られる親と子どものやりとりを確認してみましょう。

子どもは思ったことをすぐに口にしがちです。親が掃除や洗濯に追われていようが、そんなことは関係ありません。自分のやりたいことは、すぐに実行したいのです。だから、遠慮することなく話しかけてきます。

「あのね、お母さん！　今日こんなことがあってね」

「今からクイズを出すから、すぐに答えて」

「ねえ、ヒーローごっこしようよ。お父さんは敵だよ」

他者よりも自分を優先してしまうのが幼い子どもの特徴です。親が返事をする前に、勝手に物事を進めようとするのも日常茶飯事です。

無邪気な姿は子どもらしく、実にかわいらしいものです。でも、時と場合によっては、親であっても、「今はちょっと待って」と思わず口にしたくなることもありますよね。

家事を少しでも早く終わらせたいという思いから、ついつい対応が雑になってしまうこともあるでしょう。すべての物事を子どもに合わせることは、現実的に難しいものです。
でも、子どもはそんな事情はお構いなしです。親の「あとでね」、「少し待っていてね」は、まるで聞こえていないかのように話し続けます。結果として、親はいらいらした気持ちを抑えることができず、思わずこんな一言を放ってしまいました。

「……もう、しずかにしなさい！」

こう言いたくなる気持ちもわかりますよね。親の声にしっかりと耳を傾けていないのですから。

いつまでもわがままを言う子どもに対して、しつけの一環から発したことばであることは間違いありません。相手や場所、状況を選ぶことなく、話を聞かずにうるさくしてしまう子に対しては、「しずかにしなさい」と注意することも必要でしょう。

しかし、「しずかにしなさい」ということばも、「ごめんなさい」と同様に一律に使っていいことばではありません。大人が使い方を誤ってしまうと、かえって子どもの聞く力の発達をさまたげることがあります。その影響は思っている以上に大きなものです。

次に、小学校の教室に見られる教師と子どものやりとりを事例として、「しずかにしなさい」が何を引き起こすのかを見ていきましょう。

「しずかにしなさい」がうばうもの

小学校の教室では、教師は大勢の児童の前で話をします。すべての子どもに対して、一度に話を聞かせるのは簡単ではありません。教師の指示が通らなければ、教室は落ちつかない雰囲気になってしまいます。子どもたちは騒ぎはじめてしまい、しばらく収拾がつかないことでしょう。

そんなときには「しずかにしなさい」という力のこもったことばが聞こえてくることもあります。教師の何とかしたいという強い気持ちの表れですね。

しかし、「しずかにしなさい」の意味や価値を知っている教師であれば、簡単には口にしないはずです。なぜなら、このことばが子どもの成長を左右することを経験的にわかっているからです。

例えば、次のようなケースが考えられます。

お調子者でおしゃべりが大好きなKくん。普段は元気いっぱいの男の子なのですが、授業中に思ったことを大きな声で口にしてしまったり、勝手に友達に話しかけてしまったりと、教師の指示が通りません。じっと座っていることを苦手としているようです。

教師もKくんの言動を毎日気にかけています。常に様子をうかがっては、注意をうながす声かけをすることが日課です。

日々の生活のなかで、教師もはじめのうちは「しずかにね」とやさしく伝えるものの、変化の見られないKくんに対して、だんだんと強めな口調に変わっていきます。

「しずかにしよう」

「しずかにしなさい」

「『しずかに』と言っているよね?」

言い回しは少しずつ異なるものの、「しずかに」ということばを伝え続けています。

しかし、どうしてもことばは届きません。

「ごめんなさい」を扱った第1章でも触れましたが、ことばには質や量の問題がありましたね。ことばが届くかどうかは、聞き手の話し手に対する評価次第なのです。この教室の例も同じです。何度も「しずかにしなさい」と回数を重ねるたびに、ことばはより届かなくなります。理由は、その人の発することばの価値そのものが下がってくるからでしたね。

残念ながら、先生とKくんの日常的なコミュニケーションは円滑とはいえないようです。

今日の算数の授業は「かけ算」です。みんなで文章問題について考えています。そこで以下のような一連のやりとりがありました。

教師「それでは、隣の席の人とペアになってください」
Kくん「女子と話すのはいやだなあ……」
教師「ちょっとしずかにしましょうね、Kくん」
……
教師「じゃあ今からだまって、この問題を解いてみよう」
Kくん「……ねえ、Tくんは解けた?」

教師「友達と話さずに取り組むことが約束だったね。ほかの人のことを考えて行動しよう」
Kくん「……あのさ、Tくん……」
教師「Kくん、しずかにしよう」
……
教師「じゃあ、できた人は解き方を教えてください。……Cさん、黒板に書いてくれるかな」
（Cさんが黒板に式を書く）
Cさん「えっと、わたしはこう考えたんだけどね……」
Kくん「いや、それは違うと思うな。だってさあ……」
Cさんの話にあわせて、思わず大きな声を上げて反論するKくん。ここでついに先生も我慢ができなくなってしまいました。
「何回言わせるの！　いい加減にしずかにしなさい！」と声高に叱りました。教室は一斉に静まりかえります。Ｋくんは明らかに納得していない様子で、教師から顔を背けました。

――いかがでしょうか。Ｋくんのような活発な子を指導するのは、むずかしいこともありますね。

でも、これらの場面をよくあらためて見返してください。実は教師はＫくんに話を聞かせることに成功していたのです。

「え？　聞いていないのでは？」と疑問に思う方も中にはいますよね。一見すると、たしかに聞いていないと感じられるかもしれません。先生には何度も「しずかにしなさい」と言われてしまい、コミュニケーションもうまくとれているようには見えないですよね。

でも、確実に聞いているのです。

人によって解釈が異なるのは、まさに「聞く」ということばに対する意味や価値のずれです。

「話を聞く」≠「しずかにする」

わたしたちは「聞く」という行為を「しずかにする」という意味で使うことがあります。そのように捉えている人にとっては、「話を聞かない子」は「しずかにしていない子」と同義なのです。

人が話をしている状況で目立つような声をあげてしまったり、隣の人と平気でおしゃべりをしてしまったりすることは、常識的に考えても認められないでしょう。だから、この意味と価値は世間一般に広まっています。

本章の冒頭にふれた「お母さんの話をよく聞いていてえらいね」というご高齢の方のことばかけを思い返してください。だまって話を聞く子どもの様子に好感をもって、思わず声をかけたのかもしれません。もし子どもが話を自分勝手にさえぎったり、何か母親に言い返したりしていたら、よい印象にはならないですよね。

しかし、よくよく考えてみると「聞く」とは「しずかにする」、つまり「常にだまっている状態」とはかぎらないはずです。

例えば、会社での会議中の様子を思いうかべてください。担当社員がプロジェクトの進捗状況を報告しているとしましょう。他の社員はしずかにしてはいるものの――手帳のスケジュール管理に夢中になっている人、頭の中は子どものお迎えと夕飯の準備のことでいっぱいな人。もはや疲れすぎていて上の空の人――たしかに誰も話はしておらず、座席には全員がしっかりと口を閉じて座っています。でも、実際には聞いていないですよね。

このように「聞くこと」と「しずかにすること」は、別問題です。

例に挙げた教師もまた「聞く」を「しずかにする」という価値観で捉えています。だから結果として、Kくんはまったく話を聞かない子という認識になるのです。

本来、理想的な「聞くこと」は、聞き手が話し手の意図を汲《く》みとったり、大事な要点は何かを想像したり、自分だったらどう伝えるかを考えたり……といった内容になります。

だから、「聞く」ということばの本質は「口を閉じてだまりなさい」という趣旨ではなく、聞き手の話から「感じとり、考えなさい」という意味の方が強いのです。「しずかにする」という見た目の問題は、もちろん大切な側面があることは否定できません。

しかし、一方では本質的なものではないとも考えられるのです。

そう考えれば「聞くこと」には、あれこれ考えをめぐらせながら、相手の意見を受け止めようとする過程そのものが求められます。むしろ「しずかにする」という「静」の状況よりも「動」のイメージのほうが強くなるはずです。

「聞き上手」ということばがありますが、相手が気持ちよく話せる雰囲気をつくる人は、決して受け身な態度ではないですよね。

「話を聞かない子」への誤解

さて、もう一度先ほどの教室の事例に戻りましょう。

Kくんはたしかに聞き上手な子ではないかもしれません。相手の目的や意図を感じとったり、周りの空気を読みとったりすることが得意ではないようです。

しかし、確実に話を聞いている場面もあります。

先ほど挙げた例から、Kくんの反応を一つずつ確認してみましょう。

まず、「女子と話すのはいやだなあ……」という箇所です。ペアになるのを躊躇《ちゅうちょ》した

Kくんは問題意識があるから、声に出してつぶやいたのです。話（ペアになるという指示）を聞いているからこその反応です。思わず心の声が漏れてしまったのかもしれません。内容を考慮しても、「しずかにしましょう」で片付けていい問題ではないはずです。

次は「……あのさ、Tくん……」という箇所です。「友達と話さずに取り組むこと」が約束だったのにもかかわらず、Kくんは話をしてしまいます。ここでは教師が「しずかにしよう」と伝えるべきです。会話を認めてしまうことは、事前に伝えた「約束」ということばの理解にも悪影響を与えます。「約束」を「必ず守らなければいけないこと」と体感させるためには、簡単に話をするのを認めてはいけません。

ただし、KくんがTくんになぜ話をしたかったのかを考えてみると、「わからなくて解けなかったから」や「解き方を確認したかったから」などの理由も考えられますね。ただのおしゃべりではないのであれば、教師が歩み寄る配慮も必要です。

最後に「いや、それは違うと思うな。だってさあ……」という箇所です。

これは明らかに友達の発表を聞き、考えながら反応した結果です。Cさんの考え方を聞いたときに、Kくんなりにどうしても考えたことを伝えたくなったのです。だから、思わず声を上げたのでしょう。この反応を見ると、Tくんに話しかけた理由も解き方に関わることだったのかもしれません。

きっとKくんはCさんとは異なる考え方を思い描いていたのでしょう。教室で子どもに解き方を考えさせるというねらいからすれば、むしろ教師にとっては好ましい場面として受け入れられるはずです。でも、教師はKくんのふるまいをそのように受け取ってはいません。

このように、ことばの解釈で子どもの実態はゆがめられていきます。

Kくんは決して「話を聞けない子」ではないのです。

一方、実際にKくんが遮るようにつぶやくことで、授業の進行も思う通りにいきません。他の子の表情もKくんが声を上げるたびに曇ります。

「いい加減にしずかにしなさい！」

教師は「授業が遅れてはいけない」、「他の子のさまたげになってはいけない」という一心でKくんを制してこのように発言をしました。むしろ熱心な先生なのです。

ことばは、話し手の価値観を反映します。だから、この発言に教師の願いは鮮明に表れているのです。

教師にとって「しずかにしなさい」とは、「わたしの進行の邪魔をしてはいけない」という意味になります。常に学級全体を見わたさなければならず、時間との勝負に追われている教師の仕事の特性を考えれば、すべてが間違っているとは言い切れません。一生懸命に対応した結果のずれなのです。

しかしながら、教師のことばにすれ違いの原因があるのはたしかです。目の前のKくんの心情を理解せず、一律に「しずかにすること」を求め続けた結果です。Kくんに対して、もう少し教育的な配慮が必要だったといえるでしょう。

話を聞くようになる境界線

一方、Kくんが話をしっかり聞いているかというと当然課題もあります。はじめに出てきた「女子と話すのはいやだなあ……」という発言は安易に認めてはいけません（算数を苦手としていて、女子にそのことを知られたくないという子もいるかもしれませんね。そういった事情も含めて、発言の理由を本人に確認することも大切です）。

もしKくんが授業と関係のない話題でおしゃべりをしていたのだとしたら、遠慮することなく注意をしなければなりません。「聞く」とはそれだけ重みのあることだという学びにもなります。

当然、その後の授業で聞く態度に変化が見られれば、その事実を本人に伝えながら指名をします。そのうえで「しっかり聞いていたから、いい発言だったよ」と聞いていた過程も褒めてあげればいいのです。こうすることで「聞く」ということばの価値が高まります。

さて、今回のケースではKくんの「いや、それは違うと思うな。だってさあ……」という声に対して、どのように対応すればよかったのでしょう。

一見、子どもが話を聞いていないように思える状況であっても、教師はつぶやきや反応の中身をよく吟味して、Kくんの聞き方が変化する声かけをすることが求められます。

例えば、次のような感じです。

「なるほど、Kくんは、違うと思ったんだね。よく聞いていたね。でも今はCさんの説明も最後までじっくりと聞いてみよう。そのときはまた手を挙げて意見を伝えてくれる？」

Cさんの意見に反応したKくんを一度は受け止め、同時に話を聞くことの利点も伝えていきます。この後、Kくんは先ほどよりも注意深くCさんの話に耳を傾けることでしょう。Kくんが意見を伝える際のたしかな材料になるのですから。そして、Kくんの聞く姿勢に変化が見られたら、教師は意欲と態度を価値づけてあげればよいのです。Kくんにことばが届くようになります。

はじめに挙げた事例の通りに授業が進んでいったとしたら、最後に教師が叱った後に、Kくんはしばらく素直に話を聞こうとはしないでしょう。Kくんは聞いていたのですから。場合によっては、授業ではもう発言をしなくなってしまうかもしれません。

皮肉なことに、こうした否定的なKくんの変化を「授業中にしずかに話を聞くようになった」という好ましい成長として教師が受けとる場合があります。

聞き方が上手になった、と。これもまたことばの意味や価値を原因としたコミュニケーションのずれなのです。

「listen」のススメ

「しずかにしなさい」ということばの使い方によっては、「考えない子ども」を育ててしまうことにつながります。一見、落ち着きがないと感じられる子も実は聞いています。大人が子どもの様子から気にかけなければいけないのは、子どもが「聞くこと」をどう学習しているかです。

「聞く」という行為の意味と価値は、常に他者との関わりのなかで生まれていきます。家庭でのやりとりで築かれる価値観が、その土台となるのです。

家庭での日常的なやりとりを例に、あらためて確認をしてみましょう。

台所で懸命に家事に勤しむ親。時短で終わらせることを目標に、もくもくと洗い物を片づけていきます。一方の子どもは寝転びながら、ゲームに夢中になっています。はじめてから、かれこれ小一時間程度。画面から離れる様子はありません。

「ねえ、最近学校はどう?」

洗い終わったお皿をふきながら、少し前から気になっていたことを親がたずねます。

「うん、楽しいよ」

スマートフォンの画面に目を向けたまま、そっけなく答える小学3年生の子。

「気になることもない？」

本音のことばかどうかが気にかかったので、質問を続けます。

「別に、ないかな……」

先ほどと同じ姿勢で、子どもはそっけなく返事をしました。

「それならいいんだけど」

わが子を横目に、親はお皿をふきはじめました。

――何気ない親子のやりとりですが、客観的に見ていると、この二人の会話が何かしらかたちだけになっていることは否定できないでしょう。質問をしている側も答える側も、どこか正面から向き合っている感じがしません。

昨今では子どもがスマートフォンを持つことも当たり前になりました。だから、家族の会話の在り方にも少しずつ変化が生まれています。

カフェやレストランに行っても、二人で来店しているにもかかわらず、お互いにスマートフォンの画面を見続けながら会話をしていることがあります。二人そろって沈黙する時間が流れつつも、それぞれが画面の向こうに夢中になっていることもあるようです。こうした風景も、もはやめずらしいものではなくなってきました。中・高生の皆さんにとっては、当たり前のこととして受け止められるかもしれませんね。

こうした社会のコミュニケーションの在り様の変化は、確実にわたしたちの「聞くこと」にも影響を与えています。

一般的に英語園では、同じ「聞く」であってもことばを使い分けます。無意識に自然と聞こえてくるときには「hear」を使います。一方、気持ちを集中させながら、意識的に耳に入れるときに「listen」を用いるのです。両者は明確に区別されています。

本来、注意深く相手の話に耳を傾けようとする「listen」の行為は、日本語でも「聴く」と表記しています。しかし、いざ音声でやりとりをする場合は、使い分けと認識があいまいになってしまうことがあります。「傾聴」という熟語にあらわされているように、本来コミュニケーションでは、積極的な関わりを示す「聴くこと」が求められるのです（本書では「聞く」ということばの意味や価値について考えるという趣旨から、原則として「聞く」に統一して表記をします）。

英語圏の区分けをもとにすれば、例に挙げた親子の会話が「hear」になっていることは否めないでしょう。他者の話は聞き流していいものという認識です。もし聞き逃したら、また聞けばいいのです。そこに一切の緊張感はありません。

つまり、この親子のやりとりで子どもは「聞く」という行為は、なんとなく片手間にやってもかまわないものだということを学んでいます。それは先に確認をした「聞くこと＝考えること」という姿勢からは、離れたものになってしまいます。

好ましいコミュニケーションには聞き手と話し手の呼応が求められます。内容に応じて表情を変えたり、うなずいたり（時には首を傾げたり）することが聞き手の望ましい姿です。適切な聞き手の反応によって、話し手はその都度表現を変えることでしょう。こうしたお互いの応答関係によって理解は深まっていくものです。

理解度に応じた反応の仕方を子どもに教えると、話の内容が「わかる／わからない」こともはっきりとしてきます。「聞くこと」が理解につながる行為だと鮮明になるのです。親もまた子どもが学んでいるかを表情や仕草から感じることができるでしょう。

相手に心地よい反応ができると話し手の印象にも残ります。皆さんの周りにいる「聞き上手」はきっと「反応上手」であり、好感度も高いはずです。自然と多くのチャンスを摑んでいることでしょう。

限られた時間のなかで対応しなければならない親は、ときに同時進行で家事と子育てを進めていかなければいけません。でも、その一方で子どもにとって「聞く」という行為の価値は必然的に低くなります。親が時間を得たことで、自然と失っているものも大きいのです。

「話を聞けない子」の家庭環境

本来、人とのコミュニケーションは「listen」であるべきです。親身になって聞いてくれる人は、心地よい存在となります。だから、親は子どもが寝転がってスマートフォンの画面を見ながら聞く習慣を築かない方がいいでしょう。それが子ども自身の「話を聞く基準」になってしまうからです。

ただ話を聞くだけなら、わざわざ姿勢を正す必要はないようにも思えます。伝わる内容は同じなのですから。極端な話、直立不動で聞いたとしても、寝転んで腕枕をしながら聞いたとしても、情報そのものの価値は本来変わらないはずです。

しかし、実際に情報としての価値は、姿勢や態度によって変わることもあります。一般的に大人の世界であれば「どうしても伝えたいことがあるから、真剣に聞いてほしい」とまじめな顔で言われたときに、だらけた姿勢で聞くことは考えられないでしょう。そうした感情が感じられると、少なくとも話を受け取る構えは違ってくるはずです。

伝統的に日本の教育では子どもは背筋を伸ばし、姿勢よく話を聞くことが美徳とされてきました。「一度、姿勢を正しましょう」と教師がよく子どもたちに呼びかけるのは、場に一定の緊張感をつくるためです。油断をして必要な情報を聞き逃さないようにする手立てとなります。

一方、欧米の教室では飲食をとりながら授業や講義を受けることは一般的なようです。少し前の日本では考えられませんでしたが、最近ではこのあたりの常識にも少しずつ変化も見られます。それもまた聞くことの実態に変化が起こっている一因と感じられます。

今回のような事例では、親自身も家事の手を一度止めて話しかけるほうが好ましいでしょう。そのうえで「学校の様子が心配で聞いているのだから、画面は見ずにしっかりと聞きなさい」とはっきりと伝えてよいのです。適当な生返事で許されるのであれば、子どもは親が大して心配しているように感じていません。

多くの親は「こんなふうに話してはいない」と感じるかもしれませんが、こうした気の抜けた会話になっているのはよくあることです。

中・高生であれば、親子の間で少しでも緊張感のある会話をしているかをふり返ってみてください。「親の話を真剣に聞かなければまずい」と感じる瞬間がたびたびあったのであれば、あなたの聞く基準は決して低くはないはずです。

最近では「習い事で疲れているから」といった理由を掲げて、子どもの怠惰な姿勢を親が簡単に受け入れてしまうこともあります。そのような親は「だって、かわいそうだから……」なんて口にするものです。でも、「聞く」という意味、ひいては「親」という存在の意味を子どもに誤って価値づけてしまう方が、よほどかわいそうなことだと感じます。

こうして子どもの聞く力は失われていきます。

「聞く」という行為は、ことばを理解する土台となるものです。土台が安定しないと、ことばを学習できない子になってしまいます。子ども自身が、スマートフォンの画面を見ながらのやりとりに違和感を覚えるかどうかは、親がどのように対応するかにかかっています。

「なぜ人の話を聞くの？」への答え

小さな子どもは、純粋な気持ちで次のような質問をしてくることもあるでしょう。「なぜ人の話を聞く必要があるの？」

思いもよらない質問に対して、大人もどう答えていいものか困ることがあります。皆さんならどのように答えますか。

「知らなかったことがわかるようになるから」は一つの答えになるでしょう。子どもの成長に関わるもっともな理由です。

しかし、子どもに説明するときに気をつけたいのは、「聞くこと」を通じて、ただ表面的に知識や技能を得ることが大事ではないという点です。

そのことを理解するために、子どもが授業中に友達の発表から何を学ぶのかを考えてみましょう。

例えば、算数で「面積」を学習しているとします。長方形であれば「たて×横」の公式で求められますね。知識を得るのも「聞くこと」の成果です。

凸や凹の形であれば「分割して求める」方法がありますね。縦や横に分けることができれば、複雑な図形も単純な正方形や長方形の集まりと考えることができます。

こうした友達の意見を聞いて、子どもはただ知識や技能として「解き方」を学んでいるだけではありません。広く「物事の解決の仕方」を学んでいるのです。

「分割して求める」という解き方を学習することを通じて、「一見むずかしい内容に見えても、単純に考えると解決の糸口が見えてくること」を知るのです。課題を自分がわかる内容に置きかえて考える大切さを学んでいます。だから、多くの解き方を身につけることは、新しい見方や考え方を獲得することにつながるのです。

それだけではありません。

発表の仕方からは「技術」を吸収しています。「絵や図を見せて発表すれば、わかりやすくなる」という具体的な方法論です。

また、思いつかなかった解き方に驚いた経験からは、「人と違う考えをもつことに価値がある」という「価値観」を学んでいるともいえるでしょう。

このように「聞くこと」の裏側には、見えない多様な学びが展開されています。子どもは聞こえてくる音声情報だけをインプットしているわけではないのです。何を聞くかによって、得られる情報量がまったく違います。この事実を子どもに伝える必要があります。

しかし一方で、「知らなかったことがわかるようになるから」は、子どもに最優先で教えるべき話を聞く理由ではありません。

子どもが話を聞く理由と「相手意識」

小さな子どもたちに対して、「なぜ人の話を聞かなければいけないの?」と質問を投げかけたことがあります。子どもたちはそれぞれに一生懸命答えてくれました。

「話をちゃんと聞かないと、わからないことが増えてしまって自分が困ることになるからです」

「やっぱり、叱られるのがいやだから……」

「もし大事なことを伝えていて聞き逃してしまったら、なんかすごい損しちゃうよ」

出された意見に、一つひとつうなずいていきます。

子どもたちが発言する内容は、「聞く」ということばに対するこれまで築いてきた価値観の表れです。こうしてみると子どもの数だけ、実に多様な解釈があるものです。

そんなやりとりの中で、少しうつむきながら考え込んでいる様子の子がいました。そっと意見を求めると、恥ずかしそうに周りを見わたしながら、次のように話してくれました。

「あのね……だって、せっかく目の前でお話をしてくれているのに、聞かなかったらかわいそうだと思う……」

一瞬、教室はしずまり返りました。小さな子どもたちも、これまでの意見との本質的な違いを感じとっていたようでした。

はじめの三つの発言は、すべて自分自身に関わるかどうかが問題になります。話を聞く基準はあくまでも「自分」です。でも、最後の発言は、話を聞く基準が「相手」にあります。「相手の存在そのもの」が聞くことの理由となっています。

内在する「相手意識」が、その子の聞く行為をうながしているのです。長年教育現場にいると、成長の伸びが顕著に見られるのは明らかに後者です。なぜなら常に意識が話し手に向いているということは、話の内容に興味があるかどうかは問題にはならないからです。

反対に、聞く理由が自分自身の損得にあるということは、自分との接点を話の中に見出せなければ、聞く意味はないと判断することになります。関心がなければ聞こうとはしないでしょう。だって、自分には関係がないのですから。

子どもたちは、最後に発言した子の「聞かなかったらかわいそう」という意見から新たな価値観を手に入れることができました。

ここであらためて、子どもたちが挙げた聞く理由の一つひとつに目を向けてみてください。はじめに抱いていた「聞く」ということばの意味と価値をふまえると、いかにことばの理解が成長に大事なものかがわかるはずです。

第2章の復習

・「聞くこと」は「しずかにすること」と同義ではない。理想的な「聞くこと」には、「考えること」が含まれる。そのため、大人が頻繁に「しずかにしなさい」と口にすることで、考えない子どもを育てる危険性がある。
・子どもには話の理解度によってうなずいたり、表情を変えたりすることを習慣づけたい。こうした反応が知識や技術、価値観を学んでいる一つのサインといえる。反応の仕方が上手だと相手の印象に残り、人生のチャンスが増えていく。
・「聞くこと」の土台は相手意識にある。話し手を思いやる気持ちが育っている子は、興味や関心に関係なく、多くの情報を得ることができる。適当な姿勢で聞くことを認めてしまうと、それが子どもにとっての聞く基準となってしまう。

第3章

話すこと——「おはようございます」は必要ないか

予習

小学校入学前には、子どもはことばを使って意思疎通が図れるようになります。しかし、話す相手によって、少し事情は変わるものです。慣れない相手であれば、自分から話すのをためらうこともあるでしょう。だから、「話す」という行為は、単純な技能の問題というよりも、子ども自身の性格や相手との関係性によっても左右されます。

親以外の他者と子どもが話すきっかけの一つに「あいさつ」があります。しつけの一環として、あいさつを子どもにさせることが一般的ですね。

でも、大人になってから「おはようございます」と言う感覚は人それぞれです。身近な相手にしかしないと割り切っている人もいます。場合によっては、無駄と感じる人もいるでしょう。価値を見出すかどうかは、「あいさつ」を学ぶ過程にかかっているのです。

「あいさつ不要論」

「なんでわざわざ知らない人に、あいさつをしなければいけないのですか」

昨今では、新入社員から真顔でこんな質問をされると耳にします。若い世代を中心に広まっているとされる、いわゆる「あいさつ不要論」です。

親しい間柄でもないのに、なぜ頭を下げたり、わざわざ自分からコミュニケーションを図ったりしなければいけないのか納得がいかないのでしょう。上司や先輩からあいさつを強要されるのに反発をする向きもあるようです。こうした風潮は、コロナ禍がより促進させたこともあるでしょう。人と人とが直接的に関わらない状況下で学んだ結果かもしれません。

さらに言えば、幼少期から積み上げてきた「話すこと」に対する学びの成果だとも思うのです。幼少期に「おはようございます」と自分から話しかける習慣を築いている人もいます。その人にとっては、あいさつをするのは、もはや疑う余地のないことかもしれません。

中・高生世代であれば、この新入社員に共感できるでしょうか。面倒なことはできることなら避けたいという思いはありますよね。ましてやSNSで誰とでも気軽にやりとりができる時代です。あいさつに対する必要感を感じることも少ないでしょう。

でも、ひと昔前は「あいさつをすること」は世間の常識でした。「最近の若者は礼儀がなっていない」と指摘されるときの代表格は「あいさつもできない！」だったのです。あいさつは数ある礼儀作法のなかでも、特に優先するべきふるまいだったといえます。

今でも上司や先輩から「声が小さいよ！」、「自分から頭を下げなさい！」という指導が入ることがあります。ネガティブな経験をしている人々にとって、「あいさつ」とは、「話したくもない人に向けた形ばかりの苦痛なもの」という意味が染みついていることでしょう。しかも、勇気を出してあいさつをしたものの、まったく返ってこない人もいないわけではありません。そうなると、なんだか自分だけが損したように感じられるものです。

「あいさつなんて無駄」と主張する新入社員と、上司や先輩とがぎくしゃくする構図。その根本にあるのは、お互いが感じている「あいさつ」ということばの意味と価値のずれです。あいさつは「必ずするもの↕自分の意志でするもの」、「誰にでもするもの↕特定の人にするもの」という根本的な考え方の違いがあります。

さて、皆さんはあいさつが必要だと考えますか。もし子どもに「あいさつはなぜしなければならないの？」と澄んだ瞳で質問をされたとしたら、どのように答えるでしょうか。

「型」としてのあいさつ

あいさつの仕方をはじめて学ぶのは、たいてい子どもの頃です。「自分からきちんとごあいさつをしなさい」と、親が子どもに伝えている場面に出くわすこともあります。子ども時代は、大人が必要以上に怖くも感じられます。だから、かすかに聞こえるような小声で「……こんにちは」と伝えるような子もいます。

それでも昔は、大人が子どもの頭を手で押さえつけながら、「もっと大きな声で言いなさい！」とお辞儀をさせたものです。多少強引にでも、あいさつの大切さをわからせたこともあったかと思います。

このように、家庭の教育方針としてあいさつが必須だった人がいることでしょう。誰かに出会ったときや別れる際の礼儀として教えられたのではないでしょうか。人として、必ずしなければいけないことだ、と。

でも、なぜあいさつをしなければいけないのかと聞かれたら、悩むこともあるでしょう。いい歳をした大人でさえ説明できないこともあります。「人として……」とまで言われたにもかかわらず、わかっていないこともあるのです。

それだけ子ども時代には、意味や価値を度外視して物事を学んでいるものです。そして、大人になっても意識をせずにしている行動がたくさんあります。

小学生のときに、学校で「あいさつ運動」があった人もいるかと思います。習慣化するねらいから、特定の期間に先生や子どもたちが正門の前に立って、一斉にあいさつをする取り組みです。子どもだからこそ、疑問を感じずに素直にやっていたこともあったでしょう。

子どもは純粋です。だから、理由がわからなくても、あいさつを「型」として学習することもできるのです。しかし、大人になる過程でもあいさつをするべき理由に気がつかなかったり、そのことに納得ができなかったりした場合は「あいさつ不要論」へとつながっていくのでしょう。

ことばの意味や価値を増やす視点

「あいさつ」の意味や価値を親から教えられていなくても、「型」として習慣が築かれている子は、おそらく大人から多くの肯定的な声かけをされてきているでしょう。

「ちゃんとあいさつができて、えらいわね」

「まだ小さいのに、本当にしっかりしているわ」

「礼儀正しくて、すてきなお子さんね」

こんな声かけをされながら、相手の反応を見てあいさつの意味を学習しています。「あいさつをする自分」は大人から好ましく思われることを知るのです。目上の人からかわいがられるという事実を理解していきます。

親が子どもに対して「Aさんにはお世話になっているの。会ったときには、必ず自分から笑顔であいさつをするのよ、いいわね？ 約束よ」なんて、強く言い聞かせることもあるかもしれません。こうした声かけには「年上の方に対する礼儀」という意味もあれば、「その人は特別」という意味も含まれています。Aさんを強調すればするほど、子どもはあいさつという所作に差異があることも学ぶのです。

幼少期のこうした経験により「あいさつ」とは、「特定の大人に好印象を与えるための所作」という意味づけを自然とする子どももいます。このこと自体はあながち間違っているとも言いきれません。

しかし、この感覚が土台となった場合、同世代の人に対するあいさつの意識は希薄になります。なぜなら、そこに対する意味はあまりないのですから。そのため、あいさつという行為が、同じ年代のやりとりとは切り離されて学習される可能性があります。子ども同士であいさつをする習慣がない子もいるのです。

「あいさつ」は「挨拶」と書きます。ことばの成り立ちは諸説あるようですが、もともとは仏教の禅宗において、師と弟子が行う問答のことを「一挨一拶《いちあいいっさつ》」と呼んでいたようです。本来あいさつは決して形式的なものではなく、お互いが関わりを築くための手段としての意味があるのです。

「あいさつ」で友達ができる?

実際にあいさつは礼節としての意味合いだけではなく、現実的には他者との関係づくりにも影響します。子どもにとってみれば、友達づくりのきっかけにもなります。子どもの世界でも「おはよう! ねえ、……」の声かけからはじまる関係があるのです。

ここからは「あいさつを通じた友達づくり」について考えてみることで、「あいさつ」の可能性をさらに広げていきましょう。

親であれば、わが子の友人関係が気にかかるものです。保育園や幼稚園、小学校時代にかぎらず、中・高生になっても心配は尽きません。交友関係が子どもの気持ちの安定につながることを経験からも知っています。だから、今どんな友達と仲良くしているかをつい確認したくなるのです。

一般的に小学校では進級するとクラス替えがあります。小学生にとっては、新しい友達ができるタイミングです。

次の親子のやりとりを想像してみてください。子どもは仮にEちゃんとしましょう。

「Eちゃん、新しい友達はできた？　名前は？」
「休み時間は誰といたの？　一人ではなかった？」
「友達とはうまくいっているの？　ケンカなんてしていないよね？」

こうした質問を投げかけて、友人関係を知ろうとするものです。わが子から友達の名前がでてくると、「よかった、うまくいっているみたい」とほっと胸をなで下ろします。

それでも、連日のように親の質問は続きます。そのうちに同じ友達のNちゃんの名前がずっと出てくることに気がつきます。

「今日もEちゃんはNちゃんといるんだね。本当に仲がいいね」
「うん、だってね、わたしたち『親友』なんだよ。いつも一緒だもん」

親は「親友」ということばをすでに知っていることにおどろきます。同時に、自分の子どもには心をゆるせる友達がいる……親として、感慨深い気持ちを抱くのでした。

「親友」という危うさ

子どもが築いた関係を通じて、親が成長を喜ぶ心情が伝わるかと思います。学校での様子を親が気にかけるのは当然のことでしょう。

でも、今の親子の会話には、子どもの話す力を伸ばすうえで危うい点があります。

それは、子どもに対する「親友」ということばの価値づけです。

一見、「話す」という行為とまったく関係がないように思えますが、子どもに「話す」という行為の価値を伝えるのに密接なつながりがあるのです。

まずは「親友」ということばの意味と価値から考えてみましょう。

「親友」というのは、基本的にどんなときも気持ちが離れない関係を言いますよね。自分が思っていることは素直に伝え、その気持ちを相手は正面から受け止めることになります。

「今、あなたに親友と呼べる人はどれだけいますか?」

突然このように尋ねられたとしたら、なんだか身構えてしまいますよね。

おそらく、何人かの友人を思い浮かべたことでしょう。迷いなくすぐに「この人だ」と断言できた人もいるかもしれません。でも、「本当にそう言えるのかな……」と、あらためて考え直した人の方が実際には多いのではないでしょうか。

中・高生であれば「親友」ということばを日常的に使っている人もいるかもしれませんね。しかし、平然とこのことばを使う感覚に不安を覚えないでしょうか。

　これは人を疑えという意味ではありません。そうではなく、あらためて「親友」ということばに真剣に向き合うことの大切さを伝えたいのです。

「親友」とは簡単につくることができるものではありません。長い期間を経て、お互いの考えを受け止め、ときには反発し合いながらも前に進む仲のことを指すのではないでしょうか。もちろん、出会ったときから意気投合して、一度も気持ちが離れたことのない仲の人たちもいるかもしれませんね。しかし、そうであっても、はじめから「親友」とはならないはずです。

　つまり、「親友」は「友達」という表現とは明らかに別の段階のものです。だから、すぐに親友になれるような関係は、「親友」とは呼べないと思うのです。

警鐘を鳴らしているのは、簡単に「親友」ということばを使い過ぎることです。Eちゃんと N ちゃんが考え方の違いから大きなけんかをしてしまったり、気持ちが離れてしまったりすることもあるかもしれません。早く仲直りができればよいですが、場合によってはむずかしいこともあります。Eちゃんが「『親友』なんてまたすぐにできるからいいや」なんて考えたとしたら、それこそ「親友」は軽いことばになってしまいます。

反対に、親が「ずっと N ちゃんといっしょにいたほうがいい」と強く伝え過ぎることも問題です。こうすることで、Eちゃん自身に「N ちゃん以外に行き場所はもうない」と学習をさせているのです。それは、子どもの交友関係の可能性を閉じてしまうことになります。

決して「親友」の存在を否定しているわけではありません。特別仲のいい関係が築けたことはすてきなことです。事実として、生涯にわたっての付き合いになることもあるのですから。でも、「親友」ということばの本当の意味と価値を知るのは、もう少し先でも十分だと思うのです。子どもの成長に関わることだからこそ、大人がことばの重みを正しく捉えさせることが必要なのです。

「安定した環境」で成長するとはかぎらない

「親友」ということばを簡単に使ってしまう怖さは、人とのつながりを極端に狭めることに直結する点にあります。わかりやすく言えば、特定の人間以外と話す場面が減ることを意味します。

交友関係が安定するのは心地いいものです。心がおだやかになり、波風が立たない状況なのですから。親が子どもに「親友」ができることを望みがちなのも、安定を求める気持ちの表れなのです。

しかし、おだやかで波風が立たない環境というのは、子どもの精神的な成長にとって決して望ましいことだけではありません。子どもの発達には「変化」も重要です。「安定」とは真逆の環境が求められるのです。安定は、それ以上の大きな進展を望めないということなのですから。

これは組織も同じでしょう。どのような人の集まりであっても、安定をめざすためには、人々のつながりを強めようとします。チームとして機能するようにするためです。

でも、同時に安定とは「停滞」をも意味します。次に大きく成長をするためには、あえて安定した環境を壊すことも必要でしょう。

だから、子どもを伸ばすためには、異なる人の考えや価値観を受け入れるという視点が欠かせません。この「受け入れる」というのは、自分自身の考えを一八〇度すべて変えるという意味ではありません。「こういう考えの人もいるのだ」と客観的に自分の考えを見つめ、視野を広げることです。

人は考え方や価値観が似ている人に惹《ひ》かれます。同じ趣味や嗜好《しこう》が集まると、居心地がいいものです。話が合うのですから、自分自身が常に受け入れられているという感覚を覚えるでしょう。でも、成長という観点から見ると、それだけでは足りないのです。

まして子どもは、発展途上の段階です。いっそうの成長を願うのであれば、積極的にさまざまな人との関わりをもたせることが大事になります。そこに「話す」ということばの本質的な意味と価値が潜んでいるのです。性別も年齢も国籍も関係なく、人との接点を増やすことが求められます。意識していなかった自分自身の新たな一面に気がつくこともあるでしょう。

固定化された親友の存在だけでは、価値観は決して広がりません。交友関係から、親は子どもが変化のきっかけを失う危険性を感じとらなければいけないのです。

「恥ずかしがりや」はチャンスを逃す

さて、もう一度「あいさつ」ということばに戻りましょう。子どもの成長を一つの軸として、「あいさつ」ということばの意味と価値を考えてみてください。もはや欠かすことのできないものという感覚も理解できるかと思います。なぜなら、あいさつは「すべての関わりのはじまり」だからです。

子どもは多様な関係の中で学んでいきます。だから、あいさつは「特定の誰か」だけではなく、むしろ「まだ知らない誰か」にしてこそ可能性が広がるのです。もちろん、安全面の理由から、通りがかりの知らない人にまで声をかけるのはむずかしい時代です。大人が子どもを守りながら環境をつくる必要はあります。

誰とでもやりとりができる子は、人から学ぶことの価値を知らず知らずのうちに学んでいます。こういう子は顔をつきあわせてうなずいたり、うれしそうに相槌《あいづち》をうったりと共感的に相手に近寄ろうとする姿勢が感じられるのです。相手が薦めてきたことに、おもしろがって挑戦してみることで世界を広げていきます。

もちろん内向的な性格だったり、話し下手だったりして、人と接することを不得意としている子もいます。いつもお母さんの後ろに隠れているような子も想像してみてください。子どもらしいといえば、子どもらしい光景です。

人とのやりとりを躊躇《ちゅうちょ》してしまう子に対して、「うちの子は恥ずかしがりやだから」という昔からの決まり文句があります。

たしかに、人との関わりが苦手なことは事実としてあることでしょう。しかし、それを理由に他者との接触を親がさまたげるようなことがあれば、それは子どもの成長を放棄しているのと同じです。

中・高生世代であれば、自分から率先してあいさつをするのに恥ずかしさを感じることもあると思います。胸の内では相手の存在を気にしながらも、思わず素通りをしてしまうこともあるかもしれません。友達の手前、余計に行動しづらいこともありますよね。

でも、まだ見ぬ一人ひとりが自分の将来に関わっているかもしれないかと思うと、人と関わらないことは損失にも思えてくるはずです。上手にあいさつができる子は、チャンスをつかめる子でもあることを忘れてはいけません。

小さな子どもには「あいさつ」を「成長へのきっかけ」という観点から教えるべきです。人と関わることが、かけがえのない出来事にも感じられてくるのではないでしょうか。

たった一回の「こんにちは」が……

あいさつの価値の大きさは、大人であっても変わりません。たった一回の「こんにちは」で生まれた接点が新しい仕事につながったり、運命を左右する出会いであったりすることもあります。場合によっては、人生をともにする伴侶を見つけるきっかけにもなるはずです。

つまり、「こんにちは」というあいさつの価値は、その人自身がつくるとも言えるのです。

出会いという観点から見ると、あいさつにはまだ可能性があります。

世間は狭いとよく言われますが、すべての人や物とのつながりは、平均で六人の人を介してなされるという説があります。「六次の隔たり（Six Degrees of Separation）」と呼ばれるものです。皆さんの中にも聞いたことがある方がいるかもしれません。

今は身近に感じられなくても、出会いたい人は案外近くにいるということになります。SNSが発達した昨今では、平均六人より少ない人数でも出会えることが指摘されているようです。

信頼する友人を通じて、誰かを紹介してもらうような経験がある人もいるでしょう。たった一人との出会いが、次の出会いにつながっている。新たな交流によって、自分の人生が大きく好転していくことが事実としてあります。

仮に「あいさつ」をきっかけに人生が変わった経験をした大人がいれば、その人にとっての「あいさつ」は「運命を変えるかけがえのないもの」となります。決して、ただの儀礼的なやりとりとは考えないはずです。

本章の冒頭で「あいさつ不要論」の例を紹介しました。あいさつを「話したくもない人に向けた形ばかりの苦痛なもの」と考えている人とは、まったく違う捉えになるかと思います。同じことばであっても、学んできた背景によって、見える景色は異なります。

価値観は人それぞれです。どちらがいいという判断を簡単に下すことはできません。ただ一つ言えるのは、ことばの意味や価値を増やしていくことは、ことばを通して物事を多面的に見ることにつながると思うのです。こうした見方ができる人のことを「大人」と呼ぶのだと考えています。

ことばづかいが友人関係をつくる

あいさつをする習慣が築かれている子は、相手意識が育まれている子ともいえます。相手意識は第2章で確認した「聞くこと」の土台でもありましたね。人とつながって世界を広げたいという想《おも》いは、声や表情などの仕草にはっきりと表れます。あなたにとってあいさつが印象に残る子がいたとしたら、その子はもう自分の力で未来を切り拓いている証拠です。

進んで頭を下げたり、声をかけたりするのは、人への関心がなければむずかしいことでもあります。だからこそ、人と通じ合うことに喜びを感じた経験があるかどうかは、子どもの成長に大切だといえるでしょう。

反対に、あいさつの習慣がない子は、相手意識が希薄な場合が多いものです。相手がどう感じるかを考えるよりも、自己中心的に物事をとらえることを優先してしまいます。こうした子は、ことばを上手に使うことにも慣れていません。だから当然、ことばづかいにも課題が見られます。

「やばい」、「きもい」、「うざい」、「えぐい」、「だるい」――どんな会話であっても、たいていこれらのことばで済ませてしまうことが日常の習慣になっている子もいます。中・高生であれば一度は使ったことがあるでしょうか。もはや違和感なく使っていることもあるかもしれません。

一方で、子どもの成長という側面から考えたときに、乱暴なことばづかいはマイナスに働きます。もちろん、「品がない」、「イメージが悪い」といった印象の問題もあるかもしれません。しかし、他者からの心証がよくないということ以外に、別の懸念事項が生じてきます。

それは「友人関係」の問題です。人と人との関係は、ことばの意味と価値を同質のものとして扱う者同士の方がうまくいくものです。先ほど例に挙げた「あいさつは話したくもない人に向けた形ばかりの苦痛なもの」という価値観であれば、これに共感できる者同士の方がコミュニティを形成しやすいでしょう。土台となるものごとの見方や考え方が合うのですから。だから、ことばづかいが汚い人との時間が長くなれば、思考や行動パターンも自然と似てきます。

仏教の教えの中に「悪友を避けて善友を求めよ」というものがあります。近しい間柄になれば、人は必ず影響を受けるものです。だから、付き合う人を考えなさいということですね。逆も然りで、自分自身が人に与えている影響も当然あります。あなたに近寄ってくる人は、あなたのことばづかいやふるまいを見ながら判断をしていることになります。

ことばづかいは人間関係づくりに大きく関係をしてくることがわかるかと思います。つまり、ことばを発することは「自分のことばづかいを好ましいと感じる人との接点をつくること」を意味しているのです。

ことばを使い分ける習慣

ことばづかいの問題は、それだけにとどまりません。話すことばに意識が及ばなくなると、ことばを発するときの思考プロセスにも問題が生じます。

本来、コミュニケーションは、ことばのつかい方に細かい配慮が求められます。同じ内容のやりとりであっても、異なるAさんとBさんとでは発することばは、一律にはならないはずです。それは性格や人柄の違いかもしれないですし、体調や精神状況の差かもしれません。絶好調の人と落ち込んでいる人、社交的な人と内気な人とでは、かけることばも内容も変わりますよね。相手の様子と場の雰囲気を感じとりながら、適切に使うべきことばを吟味することでしょう。

相手の立場や身分、置かれた状況をふまえるというのは、「よりふさわしいことば」を自分なりに判断して使うということです。その場に応じて「今の状況はこのことばを使うべき」、「この人だったら、こう言おう」と常に考えながら話すことになります。第1章の「ごめんなさい」を使う感覚にも通じることです。

人とのやりとりでは、頭の中でことばを選ぶ瞬間が必ずあるものです。その選択肢の幅は、語彙力の問題だけではなく、適切に状況を読みとる力にも左右されます。

質のよいコミュニケーションは、繊細なことば選びとセットなのです。

ことばを使うときに一切の状況をふまえないのは、残念ながら「何も考えていない」ということになります。

「やばい」ということばは便利なものです。肯定的な意味でも、否定的な意味でも使うことができるからです。しかし、あらゆる場面で使うことができるということは、結局は状況を考えずに使ってしまいがちです。つまり、話し手が思考する場面が少ないのです。これが一律にことばを使うことの弊害です。

子どものことばづかいを正す意図は「コミュニケーションを通じて思考する場面を増やす」という点にもあります。人とやりとりをするたびに、場にふさわしいことばを選んでいる子とそうでない子。両者の間には、「考える」という経験の積み方に、はっきりとした差が生まれるのです。

第3章の復習

・「あいさつ」には「成長へのきっかけ」や「運命を変えるかけがえのないもの」という意味と価値がある。「あいさつ」を通じて、子どもは人と話をする喜びを学ぶ。多くの人に「おはようございます」と言った数だけ、子どもの可能性は広がっていく。

・成長には、異なる人の考えや価値観を受け入れるという視点が欠かせない。「親友」はかけがえのない存在ではあるが、人とのつながりを狭める危険性もある。

・ことばづかいを正す意図は、品位の問題だけではない。一律に同じことばを使わせないことで考える習慣を築く意味もある。

第4章

書くこと――「もう書けたよ」への正しい評価

予習

小学校に入学すると、字を「書く」という学習が本格的にはじまります。文字や文章でやりとりができるのは、特別なことです。年齢を重ねていけば、自然と字が書けるようになるわけではありません。だから、小学校入学前の子どもは「ひらがなだって書けるよ！」なんて、誇らしげに言うのです。

こうした発言から、「字を書けること」が成長を実感できる行為であるとわかります。小さな子どもにとって「書くこと」は喜びの感情につながりやすいのです。その感情を抱きながら、子どもは「書く」の意味と価値をどのように学んでいるのでしょうか。

この章では、はじめに「もう書けたよ」ということばに注目をします。字を習いはじめた子どもが自信をもって口にすることばです。小学1年生のひらがな練習の様子を手がかりに、大人がどのように「ことばの教育」をしていけばいいのかについて考えていきましょう。

「書ける」の落とし穴

皆さんは、はじめてひらがなの練習をした日のことをおぼえていますか？　「すごい、もうひらがなが書けるんだね」なんて声をかけられると、ちょっと大人になった感覚がありましたよね。真新しい鉛筆をもって宿題に取り組もうとする子どもの姿に、親もまた成長を実感します。

子どもが正確に文字を書くのは、難しいものです。小さな子どもはまだ手先が器用ではなく、思うように鉛筆を運ぶことができません。正しい持ち方に気をつけるだけでも精一杯です。だから、いきなり字を書く練習はしません。まっすぐな線やくねくねと蛇行した線など、鉛筆を思い通りに動かす運筆練習からはじめていきます。

最初は弱々しい線だったり、丸みを帯びた線が書けなかったりと苦労する子もいます。子どもの頃は、生まれ月によっても成長の度合いは異なります。個人差ももちろんあるので、全員が器用に書けるわけではありません。

だから、小学校では「く」・「し」・「つ」・「へ」など、運筆がしやすい字から練習がはじまることが一般的です。ちょっとやっかいな「ぬ」や「ね」からはじめたら、「うまく書けないです」なんて声が教室中に響きわたりそうです。五十音順に練習をしないのは、こんな理由があるのです。

1年生にとっては、はじめてのひらがな学習です。お兄さんやお姉さんになったような気持ちも後押しして、多くの子はやる気に満ちあふれています。たとえ器用に書けなかったとしても、意欲的に字を書く活動に取り組みます。「あの字も書ける、この字も書ける」と、ひたすら書き続けるようになります。できることを実感すると、子どもはどんどん前に進もうとするのです。

家でも親にいいところを見せたいと思うことでしょう。

「ほらできたよ、見て」

「次の字も書きたい」

「お手本見なくても書けたよ」

たのもしく感じている親の前で、子どもは達成感を感じています。満足そうな表情を見せることでしょう。ほほえましい行動ですね。

これが小学校の教室であれば、次のようになります。

「先生、もうできました」
「ぼくだって、書けているよ」
「上手に書けたか、見てほしいです」

いきおいある声で、すぐに書き終わった子は自信にみなぎっています。いちばんになることが、子どもは大好きです。周りの友達よりもすぐれていると素直に感じたいのです。

このとき見てほしいのは「字」ではなくて、むしろ「自分」です。「見て、見て」と子どもが口にするのは「自分を認めてほしい」という強い欲求の表れでもあります。それだけ字を書けることは、幼い子どもにとって特別なのです。

実際に字を書けることは、コミュニケーション手段が増えることを意味します。親もまた子どもが一段上のステージに進んだような感覚を覚えるのです。

「学習」という名の作業

このように、書きことばとの出会いは、大抵がしあわせなものになります。だって、すべてが新鮮なのですから。周りの評価もやさしくなるのです。

たとえ線がおぼつかなくても、はみ出していても、親は必死に鉛筆を動かす姿を褒めたくなるものです。それ自体は決して間違ったことではありません。

ちょっと目を離したすきに、子どもはどんどん書き進めていきます。早くこなそうとするうちにさらに曲線は雑になり、筆圧もうすくなっていきます。もはやお手本すら見ていないこともあります。

でも、小さな子ががんばった結果です。お父さんは思わず「すごい！　こんなに書けるようになったんだね。もうどんどんドリルも進められてしまうんじゃない？　あっという間に終わっちゃうね！」なんて、気持ちをたかぶらせて声をかけてしまいます。

しかし、この肯定的な声かけが、子どもの「書く」ということばの意味と価値を決めてしまいます。ひらがなとの出会いが、親子にとってしあわせなものだけに、学習の入り口で価値づけを間違えてしまうことが多いのです。

ひらがな練習は、点線で四つの十字で区切られたマスに書くことが一般的です。市販のドリルやプリントも似たような体裁になっています。

本来は細かい部分まで、お手本通りに書くことが求められます。四つのマスに分かれているのは、字のバランスを確認しやすくしているためです。ゆっくり時間をかけて書かなければいけません。字形を正確に学ぶことが本来の目的なのですから。

むやみに褒めることを続けてしまうと、子どもは「早く書き終わること」をひらがな練習の目的にしてしまいます。だから、字はどんどん乱雑になり、ほとんど練習の意味をなさなくなることもよくあります。

気がつけば、子どもはお手本を見ないで書くことが習慣になってしまいます。字の大きさもばらばらで、バランスなどもはや関係ありません。

そんな字を見かねて「もう少し、お手本をよく見て書いた方がいいんじゃないかな？」なんて、後から声をかけるお父さん。しかし、すばやく書いて終わらせることがすでに習慣になっていて、どうしても運筆がうまくいきません。あとから「お手本通りにそっくり真似すること」を目標に掲げられても、急には修正できないものです。最終的には「雑に書いちゃだめだよ！　やり直しなさい！」と、叱ることになります。

でも、子どもにしてみれば、早く書けたことを誰よりも喜び、評価をしていたのは親なのです。ドリルが何ページも終わるたびに、親は笑顔で褒めてくれていました。子どもはその対応に応えようとしていただけなのですから。

結果として、子どもが学んでいたのは大きく二つあります。一つは、早く字を書くと褒められるという因果関係です。

もう一つは「書くこと」は作業だという体験です。作業とは「決まった手順でもくもくとこなすもの」という意味です。こうして効率的にどれだけ手短に終わらせることができるかが優先されるようになっていきます。

さらにいえば「学習する」という行為自体を「こなすこと」として捉えていくようになります。計算ドリルをひたすら解くことが学習だと思っているのと同じです。時間と量が重視され、考えながら向き合うということがなくなっていくのです。

例えば、計算ドリルは反復練習のために、すばやく解くことが推奨されがちです。しかし、「計算の正確さを養うこと」が目的であれば、設定目標を「一問ずつ確実に正解すること」にもできるでしょう。どれだけ時間をかけずに解けたとしても、見直しをせずに間違えていれば仕方がありませんね。ただ解くだけでは、そこに学習の意味を見出すことは難しいものです（「解くこと」は第6章でとり上げます）。

ひらがな練習が教えてくれる学習への姿勢

ひらがなを書いているときに学んでいるのは、字そのものだけではありません。字を書く練習を通じて、学習に向き合う姿勢を育んでいます。

だから、字がていねいな子で落ち着かない子は、あまり見られません。じっくりと物事に向き合う学習習慣がある子は、基本的にはどんな学習でも注意深く取り組むようになります。

一般的に「学ぶ」の語源は、「真似《まね》ぶ」とされています。昔から「まねをすること」は学びの基本なのです。技術の上達のためには、弟子は師匠と同じようにまずはやってみる姿勢が欠かせないということですね。

スポーツでも武道でも基礎・基本が大事であることはいうまでもありません。応用は基礎・基本の積み重ねで成り立っています。体操でも、いきなりバク転の練習からはじめないでしょう。体の使い方を少しずつ学んだ結果が、大きな技の習得につながるのです。

ひらがな練習では学びの基礎・基本ともいうべき、「お手本通りに取り組む」という感覚を養っています。

一つ具体例を挙げましょう。先ほど、小学校の教室でひらがな練習をする光景を紹介しました。全員がすぐに書き終わるわけではなく、中にはいつまでも終わらない子もいます。仮にSさんとしましょう。

Sさんはどうしてもお手本通りにいかないらしく、くり返し消しゴムを使ってやり直しています。運筆の様子は「書いている」というよりも「写している」かのようです。それでも納得がいかないらしく、何度も首をかしげながら、懸命に鉛筆を動かしているのです。

じっとお手本を写しているSさんの存在に、書き終わった子も気がつきはじめます。

「先生、Sさんまだ書いているみたいです」

様子を見かねて報告をする子もいます。心配している様子もありますが、どこかに「遅いなあ」と感じている様子もうかがえます。

「もう書けたよ！」

「わたしも書けました！」

こんな声が教室中から聞こえても、Sさんは書き終わらずになかなか提出ができません。集団の中で見れば、目立ってしまうかもしれません。でも、人一倍こだわりをもって、字に向き合っていることは誰の目にも明らかです。

「早くしなさい」の弊害

大人が子どもによく口にする代表的なことばに「早くしなさい」があります。大人の基準で物事を考えてしまうと、ついつい言ってしまいがちですよね。子どもにしてみれば「急いでいるのに」と不満を抱くこともあるでしょう。

「早くしなさい」と言われたために、「終わらせること」が学習の目的になってしまう場合があります。もちろん、学習を短時間で効率的に終わらせることも大切です。じっくりとひらがなの練習に取り組んでいたSさんは、一般的に見れば集団から遅れている子に映るかもしれません。

　しかし、誰よりも「正確に字形を写す」という学習の目的に見合った取り組み方をしています。

　Sさんにとってのひらがな学習は、決して「こなすこと」ではありません。この取り組みの姿勢は前向きに評価してあげたいものです。じっくり、ねばり強く取り組むことの大切さをほかの子どもたちも知ることになるでしょう。

　もしここで教師が「とりあえず、早く終えなさい」なんて声をかけていたとしたら、まったく違う結果になったはずです。Sさんにとっては、ただ消化不良のままに学習を終えることになり、周囲からもただ間に合わなかった子という見方をされてしまうことになります。

　例に挙げたSさんのような子どもは実際にいます。こうしたひたむきに運筆練習に取り組む子は、すばやく、ていねいな字が最終的に書けるようになります。字を書くスピードは、発達とともにだんだんと上がってくるものです。もし字へのこだわりが強すぎる子であれば、大人から「ここまでで十分」と前向きな声かけをしてあげる必要があるでしょう。

先ほど紹介した計算ドリルとひらがな学習をくらべてみると、当然学習内容は異なります。しかし、子どもの学習への取り組み方という点では共通点があります。

もしSさんが計算ドリルをやることになったら、ひらがな学習と同じように「こなすこと」にはならないはずです。学習には意味や目的があることを学んでいる様子がうかがえるからです。

「何かを学ぶこと」は、決して一つの教科だけの問題ではないのです。

生活習慣は学力に反映される

小学校の廊下掲示を思い返してみてください。ずらりと毛筆の作品や硬筆のプリントが貼られていましたよね。そこには個性豊かな字が並んでいたはずです。

幼い頃から書道を習っていたような友達の美しい字を見ると、思わず見入ってしまうこともあったでしょう。しかし、達筆とまではいかなくても、懸命にお手本を真似しようと書いたのが伝わる作品もあったはずです。これは家庭での「字はていねいに書くこと」という指導の表れともいえます。

こうした家庭の指導方針は「字を書くこと」に留まりません。他の生活の場面でも似たような意味や価値を与えていることが多いものです。「物は必ず大切に扱いなさい」といった家庭のしつけに象徴されるように、幼少期からのていねいさをもつ姿勢が生活の至るところに反映されているからです。そのため、忠実にお手本どおりに書く習慣が築かれている子で、乱暴なことばづかいをしたり、乱雑に物を扱ったりするケースは少ないことが実感されます。

だから小学校の教育では、一般的に「生活」と「学習」は密接につながっているという考え方をとります。これらは表裏一体の関係です。

例えば、昇降口にある下駄箱を想像してみてください。子どもですから、言わなければ乱雑に靴を置くこともあるものです。しかし、かかとをそろえて置くことをくり返し指導すると、少しずつ下足の扱いが徹底されてきます。実際に靴をぴったりそろえようとすると、最後まで大事に扱わないと難しいものです。子どもにとっては繊細な作業なのです。

ていねいに物事に接することが生活の中で習慣化されれば、必然的に「字を書く」という学習面にもよい影響が生まれます。「何事も慎重に扱わないとなんだか気持ちが悪い」という感覚を「靴をそろえること」から身につけているからです。

一見、関係のないような出来事でも「ていねいに接する」という観点からみると、共通点があるものです。大切なのは、子どもに「物事に接するときは細心の注意をはらうべき」という価値観を与えることです。字をていねいに書く習慣がない子は、生活面の見直しが近道であるともいえるのです。

テストの点数だけではくらべられない

小学校ではひらがな、カタカナの学習が終わると、いよいよ漢字の学習がはじまります。子どもにとっての難易度はぐっと高くなります。音読みと訓読みの違い、へんとつくりのきまりなど、覚えなければいけない内容が広範囲にわたってくるからです。

そのため、漢字学習が進むと、定着を確認するために漢字テストを実施することがあります。

子どもは点数にこだわります。見えるかたちで評価がつくのですから、当然です。子どもの頃、テストが返却される瞬間に緊張感を覚えた方もいるでしょう。点数を見て思わずほほ笑む子もいれば、わかりやすいくらいに落ち込む子もいます。

「よし、思ったよりも書けていた！」

返ってきた答案を目にして、Ａくんは小さくガッツポーズ。つぶやきながら、満面の笑みで喜んでいます。

「ああ、思ったよりも書けなかった……」

一方、仲のよいＢくんは教室のすみで大きなため息。悲しい目で点数を見つめています。

対照的な二人ですが、この二人が本当に「書けていた」のか「書けなかった」のかは、実は判断がむずかしいところです。本人の想《おも》いとは客観的な評価がずれることがあります。

漢字テストの実態を知るために、次の例で考えてみましょう。

十問で１００点満点（一問10点）の漢字テストを受けたとします。Ａくんは90点でした。一方で、Ｂくんは70点です。

単純に点数だけを比較すると、学習はAくんの方が定着しているように感じられますよね。数字はたしかな客観的事実にもなります。返却されたときの二人の反応も合っているように感じられます。しかし、点数のみでテストの成否を判断してしまうことは危険なのです。

さて、実際に答案を見てみると、Aくんが書けなかったのは「空」という字でした。どうしても思い出せなかったようです。結局、あれこれ考えてみたものの、解答欄には何も書かずに提出してしまいました。結局、一問だけ解けなかったのです。

一方のBくんです。Bくんが間違えた問題は、次の三問でした。まず「休む」という漢字を「体む」と書いています。次に「百」という字の横棒を二本にして「百」としてしまいました。最後の一問は、「先生」という漢字を「生先」と書いてしまったのです。答案が返ってくると、点数を見てBくんは肩を落としていました。

漢字学習はひらがな学習と同じく、正確に覚えることが目的です。Aくんは一問だけですが、漢字をまったく書けませんでした。練習不足もあったのかもしれません。

学習の到達度からいうと、Bくんはたしかに三問も間違えています。しかし、間違え方は悪くないのです。「休む」や「百」に関しては横棒を余計につけてしまいました。小さな子どもですから、似たような字は混同して覚えてしまっていることがあります。とめやはらいがあっていたとしたら、横棒だけの理由で間違えたことになります。

場合によっては、はじめから字を間違えて覚えていたかもしれません。もしくは「休」と書いたつもりが、いきおいあまって思わず「体」と書いてしまった可能性もあります。そうなってくると、もはや注意力の問題になりますよね。

「先生」という熟語は反対に書いてしまってはいますが、「先」も「生」も書くことはできています。先ほどの「休む」と同じく、無意識に書いてしまった可能性も否定はできません。この場合は単純に「漢字学習をおろそかにしていた」と決めつけることはむずかしいですよね。

二人とも漢字を正しく書けてはいません。しかし、ＡくんとＢくんの間違え方に、はっきりとした差があることは明らかです。

教育熱心な親が子どものやる気を失わせる

Bくんの事例をもう一度参考にしながら、家庭での声かけについても考えてみましょう。

Bくんはがっかりして帰宅します。今日が漢字テストの返却日だと覚えていたお母さんが待ち構えていました。Bくんが帰ってくるなり、すぐにテスト結果について問いただします。


「ねえ、漢字テストが返ってきているよね？　ちゃんと書けていたの？」

「100点だったんでしょ？　そうよね？」

「Aくんは、どうだった？　みんなはどんな感じだった？」

すでにBくんはもうこの連続攻撃にうんざりです。だまって、答案用紙をわたします。

お母さんはテスト結果を見て、興奮気味に伝えます。

「勉強したって言ったじゃない！　なんで三問も間違えたのよ、とにかく練習しなさい！　ほら、荷物置いたらすぐにノートに十回ずつ書きなさい！」

こういった声かけでテスト結果を評価（価値づけ）すれば、Bくんはいやいやながらも練習をするかもしれません。内心では漢字はもう書けるんだけど、と思いながら。

続けて、お母さんはこんなことばを投げかけます。

「Aくんは90点だったんでしょ！　なぜあなたは書けないの？　もう少ししっかりやらなければだめじゃない！」

この声かけで完全にやる気を失くしたBくん。机に向かいながら、ため息をつくのでした。


――どうでしたでしょうか。Bくんの切なさが伝わってきますね。

この場合、実態を摑んでいないのは、どう考えてもお母さんですよね。子どもはただでさえ、くらべられるのをいやがるものです。ましてや、点数以外の面に正しく目を向ければ、努力を重ねていたのはBくんの方かもしれないのですから。Bくんは決して書けないわけではなかったのです。

でも、実態を見ることなく、感じたままに話をしたのが原因で、お母さんとBくんとの心理的な距離も生まれてしまっています。こうして教育熱心な親が子どもの学習意欲をうばうという構図が完成するのです。

「数字」のあいまいさ

子ども自身が間違え方の癖に気がつくことは難しいものです。「分かっていたつもりだったけど、間違えてしまった」とBくんが正直に伝えてくれたとしたら、書けなかった原因を大人がいっしょに探ってあげることが必要でしょう。

今回で言えば、漢字や熟語がわかっていたのであれば、書き間違いの可能性が高いことになります。すでに分かっている漢字をひたすら書き続けたとしても、子どもが得るものは少ないでしょう。

そうではなく、答案のミスを手がかりに、漢字テストを解き終わった後の確認の仕方を考えればよかったのです。もう一度すべての問題を解き直したり、指差し確認をしたりすることなどが当てはまるでしょう。失敗をどう克服するかという観点からやりとりをした方が、Bくんにとっては、意味のある時間になったはずです。

大人が「点数」の意味と価値を誤ると、親子のコミュニケーションがうまくいかなくなります。ことばのずれが原因で子どもが学習に向かなくなるのはよくあることです。
よく「数字は具体的な事実をあらわす」なんて言いますよね。しかし、そうとも言いきれません。抽象的にならざるを得ないときもあるのです。これは「数字」ということばの意味理解にも関わってきます。

例えば「1」という数字は、すべてどんなものでも「1」であらわすことができます。りんごもゴリラもラッパも、すべて同じ「1」なのです。個別性や具体性は取りはらわれてしまいます。その事実が、数字のあいまいさを物語っています。

このことは子どもの成績（通知表）にも当てはまります。仮に三段階で「2」の評定がついたとします。しかし、数字だけを見てもそこに実態を見出すことはむずかしいものです。評定として限りなく「1」に近い「2」もあれば、「3」に近い「2」もあります。でも、表記上はどちらも「2」です。同じ「2」という評定だったとしても、得意・不得意とする内容が違う時点で、まったく同じ評定にはなりえないのです。「2」には「2」の数だけ個別的・具体的な課題が存在することを忘れてはいけません。（「評定」は各教科の学習状況を総括的に評価するものとされています。なお、「通知表」の体裁は地域や学校ごとに異なります）。

「点数」ではなく「内容」に目を向ける

課題を子どもに伝えることなく「とにかく次は『2』の成績を『3』にしなさい」と言ったところで、子どもは何をどうすればいいのかがわかりませんよね。だから大人の子どもへの課題理解が求められるのです。

でも、多くの大人はそのことをふまえずに、一方的に点数だけにとらわれた声かけをしてしまいます。

「70点では努力が足りないわ。１００点じゃないとね」

「悪い点ではないけど、90点じゃ意味がないのよ」

「次はあと何点上げられるかが問題ね」

「努力」をしている部分は必ずあるはずです。そこから漏れてしまったのが30点分なのです。「90点じゃ意味がない」ことはないのです。むしろ、10点分の課題がはっきりしたのですから。「何点上げられるか」だけが問題なわけではありませんね。課題そのものは取り組み方にあるのですから。

点数に関わる価値づけを続けていると、子どもが学習していくのは「点数がすべて」という価値観です。表面的な数字を絶対的なものとして捉え、「過程」ではなく「結果」ばかりに目がいくようになります。「どんな手段を使っても点がとれればいい」とゆがんだ解釈をしてしまうこともあります。

この価値観を与えているのは、間違いなく大人なのです。

Bくんのお母さんも、点数をとることがBくん自身のしあわせにつながると感じているからこそ、点数を気にしていたのでした。子どもに無関心であれば、わざわざ確認はしないでしょう。

だから、今回のBくんのケースでは次のような声かけをすれば違う価値づけができたでしょう。

「70点だったのかあ、惜しかったね。間違えには必ず原因があるよ。こういうときは、どうして間違えたのかをふり返ることが大切だよ。少し考えてみて、わかったら教えてくれる？」

まずは間違えた問題の分析からはじめます。分析の目的は、間違えた原因を子ども自身に理解させることです。練習の取り組み方法やテストの受け方に課題があるのに気がつくことでしょう。

Bくんに確認してみると、漢字はドリルを見ながら十回ずつノートに書いて覚えていたものの、ドリルを見ずにまっさらな状態では試していなかったことが反省点として挙げられました。わかったつもりになっていたのですね。これは練習の取り組み方法の課題です。そのため、お手本を見ないで書く練習に取り組むことになります。

あわせて、テスト中に見直しをする習慣がないこともわかりました。この場合は先ほども挙げた通り、具体的な確認の仕方を考えるようにうながすとよいでしょう。

「漢字は分かっていたのに、間違ってしまうのはもったいないね。覚えていても、うっかり書き間違えてしまうことはあるよね。じゃあ、これからどうやって見直しをすればいいかな?」(「見直し」については、第6章で詳しく説明します)。

見直しが原因であれば、防げたミスであったことを自覚させます。そのうえでどのように見直しをするべきだったのかにふれます。この時点で具体的な確認方法を共有することが大切です。テストの最後に一文字ずつ、問題と交互に照らし合わせてチェックするのもいいでしょう。実際に子どもにやらせてみて、できているという実感を抱かせることが必要です。

漢字テストを受けている子どもたちの様子を見ていると、時間があまったときに何度も指でなぞりながら確認をしている子がいます。「解き終わったから終わり」ではなく、残された時間をいかに有効に使うかを考えているのです。

ていねいな見直しとねばり強さが得点につながることを実感します。1年生のひらがな学習で学んだことは、結果として漢字テストにも活《い》きてくるのです。

テストで書いた「名前」が教えてくれるもの

さて、子どもがテストを持ち帰ったときに、親がいちばんに確認しなければいけないことがあります。何だと思いますか？ 「点数」という大きな声が響いてきそうですが、そうではありません。

はじめに確認をするべきなのは、「名前」です。

なんだか拍子抜けするかもしれませんが、教師目線で捉えると実に大事なのです。

大前提として、テストで名前を書いていなければ、誰の答案かを判別することは当然できませんよね。だから、最優先に書かなければいけません。名前を書いているかどうかの確認によって、子どもが物事の優先順位を理解しているかどうかも把握できます。

そのうえで確認するべきことは、書かれた名前のていねいさです。

もちろん、テストですから、あわてて書くこともあるかもしれませんね。でも、結果を出している答案は、経験上ほとんどがていねいな名前が書かれています。ここからテストへ向かう構えや心理状況も見えるものです。何より普段から取り組んでいる姿勢も反映しています。

まれに書かれた名前が雑であっても、いい点数をとることはあります。でも、何らかの生活上の課題を抱えていることもあるのです。

日々、名前をていねいに書く習慣がついていない子は、漢字でも計算でも間違いなく取り組みがいい加減になりがちです。自分が取り組んだものは提出するものであり、必ず誰かが目を通すものだという感覚があれば、多少の気は遣うでしょう。提出物に書かれた名前を見ると、子どもが先を見ているかどうかもわかるものです。

小学校に入学すると、日常的に名前を書く場面があります。はじめのうちは意識をしていますから、ていねいな字で書いています。でも、学年が上がるにつれて、いつの間にか雑になっているのはよくあることです。ノートやプリント、テストなど名前を書く頻度が高いだけに、だんだんと慣れていってしまうのでしょう。

中・高生の皆さんであれば、名前を書くことなんてもう慣れきってしまっているかもしれませんね。でも、どこかであなたが書いた名前を見た人から、あなた自身が知らないうちに評価されていることだってあるのです。字のていねいさから、人の想いや姿勢は伝わるものです。

一方、大人になると、自分の名前を手で書く場面は子ども時代よりも少なくなるものです。仕事の場合は、押印で対応することもあります。

一般的に署名をするのは契約書や婚姻届、出生届など重要な節目が多いでしょう。そのとき、自分の名前を書くことの責任と怖さを痛感するはずです。今から行おうとすることを「私自身が認める」という意味なのですから。だから、本来「名前を書く」という行為は、一定の緊張感がいる作業なのです。

この感覚の素地を養うために、関わったものに責任をもつことを子どもに教える必要があります。宿題やプリントなどの提出物であれば、それは自分の責任のもとに提出をするのです。そのための記名なのです。

名前は子ども自身が書くことばの中で、特別大事にしなければならないものです。何より自分自身をあらわしているのですから。子どもに名前をていねいに書かせることは、ことばの学びの土台となるものです。

これまで確認をしてきた通り、子どもの「書く」という行為には、さまざまなことばの理解が関係しています。子どものノートやプリント、テストには学びの足跡が見えるものです。

「もう書けたよ」ではなく「まだ書けていません」という子の方が、実は多くを学んでいることがあるのです。

第4章の復習

・ひらがなの練習で子どもが「もう書けたよ」というとき、大人はお手本通りに字を書いている「過程」を評価することが大切である。乱雑な字を褒めると、作業をこなすように学習をしてしまう。

・テストでは、点数という「結果」だけを評価してはいけない。子どもは点数さえとればいいと思い込む危険性があるので、間違った理由を正しく分析することが大切である。

・テストで最も重要なのは「名前」である。「名前」のていねいさから、物事の重要度を理解しているかもわかる。ていねいに字を書く習慣は、他の取り組みに対してもいい影響を及ぼす。

第5章

読むこと――「すらすら読める」は読めているとはかぎらない

予習

小学校に入学すると、国語の授業で物語を学びます。文字を覚えた子どもは、はりきって教科書を読むようになります。

授業では「どうして登場人物は○○をしたのだろう？」、「筆者がいちばん言いたいことはどこに書いてあるかな？」なんて、子どもたちに問いかけることがあります。……でも、こうした発問に対して、答えがずれることは当たり前のようにあるものです。

それをふまえると、「読むこと」は、決して一律のものではないことがわかります。声に出して読めるからと言って、理解ができているとはかぎらないのです。

この章ではまず子どもの音読を手がかりに、声に出して「すらすら読めること」の意味を考えていきます。上手な音読に感じたときほど、親は安心してはいけないのです。

「もっと本を読みなさい」の思い違い

「うちの子は読解力がなくて困っているのよ」と愚痴をこぼす親がいます。

実際に悩んでいる中・高生の方もいるかもしれません。こんな声には耳をふさぎたくなりますよね。

続けて、決まり文句のようにこんなことばが続きます。

「……だって、ぜんぜん本を読まないから」

国語のテストで点数がとれないという壁にあたると、どうしても読書経験の問題に置きかえられることが多いものです。本を読む習慣がないことが原因で、読解力が低いという結果が生まれると判断するのは自然なことでしょう。

たしかに読書経験は大事です。家庭の蔵書数と子どもの読解力には相関関係があるとも言われています。書物を通じて新たな知見を得たり、ことばを増やしたりすることもありますよね。実際に物知りで大人顔負けの知識をもっている子もいます。本好きの中には「得意科目は国語」と高らかに宣言をする人もいるでしょう。

でも、本好きが国語のテストでいつも高得点をとれるわけではありません。中・高生になると、テストで扱う文章も難しくなりますよね。低い点数をとってしまったときに、先生から「もっと本を読んだ方がいい」なんて声をかけてもらっても、まったく具体的なアドバイスにはなっていないと感じることでしょう。原因は読書量の問題だけではないはずですよね。こうした単純化は、いかに人が「読む」という行為の実態をわかっていないかを示しています。

日本に生まれていれば、多くの人が日本語を不自由なく操ることができるでしょう。しかし、国語のテスト問題は日本語で書いてあるにもかかわらず、全員が正解にはたどりつけるわけではありません。つまり、読めないのです。

これからテストに向けたテクニックの話をしようというわけではありません。むしろ、テクニックという安易な話に耳を傾けるのではなく、「読むこと」の実態について考えたいのです。そのために、字が読めるようになったばかりの子どもに注目してみましょう。

「音読」は逆効果？

子どもは声に出して読むことを好みます。「お父さん、ちゃんと聞いていてね」なんて言いながら、はりきって読んだ経験があるのではないでしょうか。誰かに認めてもらうことが、一つのモチベーションにもなるものです。

さて、次に例に挙げるのは、音読の宿題に取り組む子どもとお父さんのやりとりです。短い会話ですので、まずは目を通してみてください。

「宿題の音読はできた？」

お父さんが気になった様子でたずねます。

「うん、さっき一人のときにきちんと読んだよ」

「……もう読んだの？　聞きたかったなあ」

どうしても確認をしたくて、お父さんはもう一度読むことをうながします。

「しょうがないなあ、いいよ！　ちゃんと聞いていてよ……『おじいさんが……』」

お父さんは、子どもが一生懸命に読む様子を目にしました。途中でつっかかる様子も見られず、漢字の読み方があやしいところもありません。内心ほっとしたようです。

「すごい、上手じゃないか！　すらすら読めたから、びっくりしたよ！」
「だから、読めるって言ったでしょ！　得意だもん。もう一回読んであげようか？」
お父さんはうなずきながら、子どもにほほえみかけました。

――いかがでしたか。子どもはお父さんに認めてもらえて、うれしかったことでしょう。日常にこんなやりとりはありますよね。

でも、この事例にもことばの意味と価値の問題が隠れています。

一見、何気ないやりとりのように感じられますが、このとき子どもは、「読む」ということばをどのように学習しているでしょうか。

注目したいのは「読む」の内容です。

音読したかどうかを問われて、子どもは「きちんと読んだよ」と発言をしています。子どもにとってみれば、自分の音読に問題を感じることはなかったのです。

その後、お父さんは実際に確認したかったので、もう一度読むことをうながしていますね。子どもの音読を耳にして、最後にはお父さん自身も「上手じゃないか」と評価しています。

これまでのやりとりをふり返ってみても、お父さんと子どもの「読む」ということばの意味合いにずれはありません。

しかし、今回はそれが問題なのです。

お父さんは、子どもが「すらすら読めたから」おどろいたようです。よどみなく読むことができたことを褒めているのです。

少なくともこの音読の宿題を通じて、お父さんが子どもに与えている「読む」ということばの意味と価値は、「書かれている文章を声に出して表すことができる」という内容です。子どもはそのように学習しています。

もちろん、間違ってはいません。

でも、このまま成長していくと、子どもは「読めない子」になっていく可能性があるのです。

「すらすら読める」という不安

「読めているのに、なぜ読めない子になるの？」と思われるかもしれません。

ここで「読む」ということばの意味をもう少しほり下げてみましょう。

音読をする際、ことばの読み方やイントネーションを正確に発音することは大切です。流暢《りゅうちょう》に文字や文章を読めているのは、これらができている証拠でもあります。音声で表現するためには、間違えずに読もうとする意識も欠かせないものです。

一方、「読む」という行為は、音声だけの問題にとどまりません。例えば、物語であれば登場人物の気持ちの変化に気がついたり、説明文や評論文であれば文章の構成や展開を摑んだりすることも大事になりますよね。これは声に出してあらわすこととはまた別問題です。

ややこしいのは、どちらも「読む」という同じ言い方をすることです。

もちろん、これらは明確に区別できるものではありません。音声にできるということは、内容理解をふまえていることも当然考えられるでしょう。

物語であれば、中心人物が誰かに傷つけられたり、裏切られたりすることがあります。

気持ちが落ち込む場面の台詞《せりふ》であれば、明るい声では読まないですよね。物語の流れが分かっていれば、時間や空間の移動をともなう場面の区切り目では、少し間をとることもあるかもしれません。内容や形式の理解が読むことに必ず反映されるはずです。

けれども、ただ音声を聞いただけでは、本人がどのように理解を深めているかは正確にわからないものです。

世の中には「音読のプロ」もいます。すばらしい音読は、人の心に訴えかけるものがあります。当然、本当に上手な読み手であれば、内容や形式を正しく理解できていることが前提となるはずです。深みのある物語の音読には、登場人物一人ひとりの背景を考慮する繊細さも求められるでしょう。

でも、どんなに上手な音読を耳にしたとしても、子どもはその表現意図までは考えが及ばないこともあるでしょう。だから、子どもにしてみればそれらしく声に出して表すことが「読むこと」だと自然に学習している可能性もあるのです。

ときに見られるのは、すらすらと音読しているのに登場人物の心情が摑《つか》めていなかったり、文章構成の意図がわからなかったりする子の存在です。これは「読む」ということばの理解が一つの原因にもなっています。

すらすら読めるということは、裏を返せばそこにひっかかりがないということです。なぜなら、声に出して読むこと自体が目的になっているからです。

しかし、ことばの意味を慎重に吟味しようとすれば、「この台詞は、もう少し声の大きさを抑えて言った方がいいかな」、「場面の雰囲気を出すためにも、ここはゆっくり読もう」などと読み方を考えるはずです。だから、むしろつっかかった方が読めているということもあるはずです。

慎重に子どもの「読む」という行為を解釈すれば、音読が上手な子は「文字を読めてはいる。でも、内容はわかっていないかもしれない子」とも言い換えられるのです。

「おはよう」の表現は文脈で決まる

大人が「すらすら読めること」を強調しすぎてしまうと、子どもは音声として、なめらかに読むことばかりに意識が向いてしまいます。先に挙げたお父さんと子どもの音読のやりとりの例をもう一度見返してみてください。単純に表面的な音読だけを褒めれば、子どもは「ことばや文章を通じて感じとることや考えること」からだんだんと遠ざかっていく危険性があります。

でも、親が子どもに身につけさせたいと願っているのは、こうした物事を考える土台となる読む力でしょう。

一方で、ことばや文章から感じたり、考えたりしながら読むためには「何を読みとるか」という観点を知らないとむずかしいものです。物語であれば「主人公（中心人物）」、「登場人物」、「語り手」、「場面」など、理解の手がかりとなる最低限のことばを知っておくことは必要です。「主人公に何らかの変化が起きる」という物語の基本的な枠組みに関する理解も求められます。いい物語だと感じたり、評価をしたりするためには、物語に対する一定の基準がなければいけません。

こうした知識はさまざまな読書を通じて、経験的に身につくこともあります。

しかし、自力で気がつける子はそれほど多くはありません。

だから、子どもに自覚をさせたければ、内容に関わる質問をすればいいのです。

「登場人物の気持ちを考えると、この台詞はどう読めばいいかな？」、「物語のはじめと終わりで、主人公はどう変わった？」などといった感じです。質問を通じて、自然と子どもに読みの観点を与えていくのです。

こうした問いかけをしてみると、子どもが本当に読めているかどうかがわかるはずです。その場合、「読む」の意味は「文章に書かれている内容を正しく理解しながら、声に出して表現できる」になります。

先ほど音読の例で挙げた「読む」との微妙な違いは分かりますか。「内容を正しく理解しながら」という点が加えられています。物語であれば、登場人物のわずかな気持ちの変化に気がついているのとそうでないのとでは、理解度はまったく違ってくるはずです。

例えば、何気ない台詞である「おはよう」でも、文脈によって意味は大きく異なります。朝、お母さんに叱られた子が教室に入ってくる「おはよう」と、途中で忘れ物に気がついた子の「おはよう」は、ことばとしては同じです。両方ともに気持ちも落ち込んでいます。しかし、音読の仕方は微妙に違うものになります。

前者の「おはよう」であれば、お母さんとの関係も音読には反映されるはずでしょう。

本人が叱られた内容に納得しているかどうかも表現にとっては重要です。

後者の「おはよう」であれば、忘れ物の中身も音読に影響されるべきでしょう。一日を左右するような忘れ物であれば、ただ落ち込む程度の表現ではすまされないはずです。

このように「音読の表現」と「内容や形式の理解」が一致することが理想的な読みといえるでしょう。

もちろん、本文の理解ができていても、声に出して表現することを苦手とする子もいます。その場合は、内容がわかっていることが確認できれば、その事実を褒めてあげればよいのです。

子どもは大人からの内容に関わる問いかけを通じて、「読む」ということばの意味を広げていきます。ただ声に出して読めばいいものではないと学んでいくのです。

他人の頭の中は見えない

小さな子が本を読むようになると、はじめのうちはどうしても声に出して読むことになります。まだひらがな一字一字を音にするだけでも精一杯ですから、ぎこちない読み方になることもあるでしょう。

だから、幼少期の子どもにとって「読むこと」は「声を出すこと」と自然と結びつきやすいのです。これが「読む」ということばの意味と価値とのはじめての出会いにもなるのです。第4章でとり上げた「ひらがな練習」で「書くこと」の基準を学ぶのと似ていますね。

そのため、大人が一生懸命な音読を価値づけすぎると、大事にするべき「内容理解」という観点がぬけ落ちてしまいます。「子どもの健気さ」と「ことばの理解」は別問題なのです。

成長するにつれて、子どもはいつの間にかしずかに読むことができるようになります。親であればその姿を目にして「大人に近づいた」なんて成長を感じることもありますが、たどたどしい音読時代に身につけた感覚で読んでいる可能性を忘れてはいけません。

一方、大人であれば音読をすることは、日常的にあまりないかと思います。本や新聞を一字一句音読する習慣がある人はおそらく少ないでしょう。中・高生であれば、人前で声に出して読むことに恥ずかしさをおぼえることもありますよね。こうして大人に近づくにつれて「黙読」が標準的な読み方になってきます。

しかし、大人であっても自分がどう読んでいるかを確認することは難しいものです。「聞くこと」では、表情やうなずきなどの反応を手がかりとして、聞き手の想《おも》いを見取ることができました。「話すこと」では、話し手の声の大きさや声色を通じて、話し手の想いが伝わります。「書くこと」では、内容だけではなく、字のていねいさもまた相手の想いを知る手段でしたね。

でも、「読むこと」は、黙って読んでいるかぎりは周囲から見取ることができません。残念ながら、他人の頭の中までは見えないものです。それでも、多くの大人が「自分の読み方は正しい」と信じて読んでいます。

しかし、もちろんすべての大人の読み方は同じではありません。子どもも同様です。実際に、文字や文章を読んでいるときに得られる情報は、人によって異なります。それは「読む」という行為の中に、さまざまなことばの理解の問題が含まれているからです。

どのように読んでいるかを知るために、ここからは小学1年生の教材を読んで確認してみましょう。

小学1年生の教材で「読む」という行為を考える

今から紹介するのは「どう やって みを まもるのかな」という説明文です（低学年向けの教材のため、題名と本文は語や文節を一字分空ける「分かち書き」で書かれています）。

かつて1年生の国語の教科書に記載されていた文章です。実際に1年生の教材を見ると「この短い文章でいったい何を勉強するのだろう？」と不思議に思いますよね。

でも、簡単な内容であっても、「読む」という行為は実にむずかしいものです。この文章を大人が読めないことも事実としてあるはずです。「1年生の教材が読めないわけない！」と感じた方こそ、学ぶことが多いかもしれません。

どうやって身を守るのかな

①動物は、いろいろなやり方で、敵から身を守っています。

②これは、ヤマアラシです。ヤマアラシの背中には、長くてかたいとげがあります。

③どのようにして身を守るのでしょう。
④ヤマアラシは、とげを立てて、身を守ります。敵が来たら、後ろ向きになって、とげを立てます。
⑤これは、アルマジロです。アルマジロの体の外側は、かたいこうらになっています。
⑥どのようにして身を守るのでしょう。
⑦アルマジロは、体を丸めて、身を守ります。敵が来たら、こうらだけを見せて、じっとしています。
⑧これは、スカンクです。スカンクのおしりからは、くさいしるが出ます。
⑨どのようにして身を守るのでしょう。
⑩スカンクは、しるを飛ばして、身を守ります。敵が来たら、さか立ちをして、おどかします。敵が逃げないと、さか立ちをやめて、くさいしるを飛ばします。

『あたらしい　こくご　一上』東京書籍株式会社　平成二十一年三月検定済

どう やって みを まもるのかな

どうぶつは、
いろいろな やりかたで、
てきから
みを まもって います。

これは、やまあらしです。
やまあらしの
せなかには、
ながくて かたい とげが
あります。

どのように して
みを まもるのでしょう。

58

59

やまあらしは、
とげを たてて、
みを まもります。
てきが きたら、
うしろむきに なって、
とげを たてます。

これは、あるまじろです。
あるまじろの
からだの そとがわは、
かたい こうらに
なって います。

どのように して
みを まもるのでしょう。

60

61

「どうやってみをまもるのかな」（さし絵 藪内正幸）

あるまじろは、
からだを　まるめて、
みを　まもります。
てきが　きたら、
こうらだけを　みせて、
じっとして　います。

62

これは、すかんくです。
すかんくの
おしりからは、
くさい　しるが　でます。
どのように　して
みを　まもるのでしょう。

63

すかんくは、
しるを　とばして、
みを　まもります。
てきが　きたら、
さかだちを　して、
おどかします。
てきが　にげないと、
さかだちを　やめて、
くさい　しるを　とばします。

64

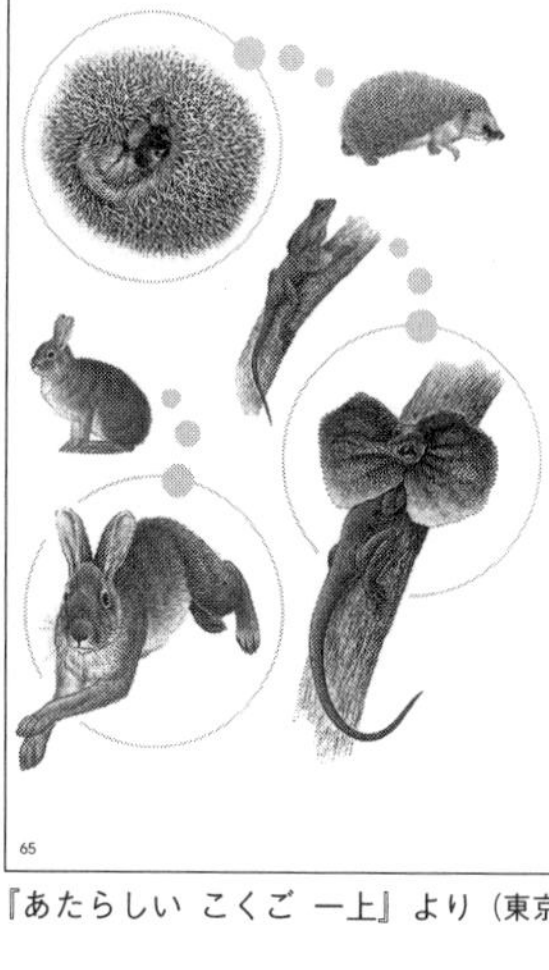

65

『あたらしい　こくご　一上』より（東京書籍株式会社　平成二十二年三月検定済）

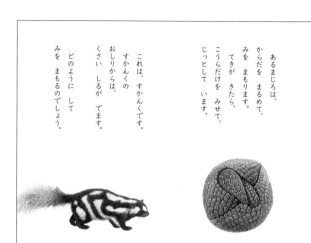

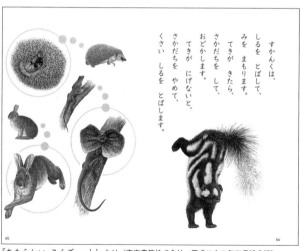

題名の通り、「動物の身の守り方」に関する文章です。実際の教科書には、本文とあわせてヤマアラシとアルマジロ、スカンクなどの絵が描かれています。内容に見合った挿絵が六枚あり、それぞれの動物ごとに二枚ずつ添えられています。一枚は普通の姿、もう一枚は本文の内容にあった「敵から身を守っている姿」の絵です。本書では説明をする関係から、形式段落ごとに番号をふっています。

なお、実際の教科書はすべてひらがなで書かれていますが、読みやすさを考慮して一部の表記を漢字やカタカナなどに書き換えています。また、段落替えの記載も異なる部分があります。

「形式」と「内容」の理解

では、1年生の気持ちになって、学んでいきましょう。

まずは一問目です。

「この文章を大きく二つに分けると、どこで分かれるでしょう？」と言われたら、どう答えますか。

本文には①から⑩まで段落番号をふっています。次に番号を示しますので「ここで分かれる」と考える箇所にスラッシュを入れてみてください。必ず理由も考えてみてくださいね。一つではなく、複数挙げても大丈夫です。大事なのは「答え」よりも「どう考えたか」です。「結果」よりも「過程」を大事にしていきましょう。

① ② ③ ④ ⑤ ⑥ ⑦ ⑧ ⑨ ⑩

* * * *

それでは解答と解説です。基準を変えれば、答えは複数あるかもしれません。この場合は普通に考えると、次のように分かれるでしょうか。

①／②　③　④　⑤　⑥　⑦　⑧　⑨　⑩

文章をざっと見て、①と②〜⑩段落で分かれるのはすぐに気がつくと思います。わかりやすい「型」を採用していますね。②・⑤・⑧段落はすべて「これは、〇〇です」と動物のことを紹介する役割になっています。③・⑥・⑨段落はすべて「どのようにして身を守るのでしょう」となっており、それぞれヤマアラシとアルマジロ、スカンクの身の守り方がくわしく書かれていますよね。
「①段落以外はすべて同じ型で書かれている」――これが理由の一つになるかと思います。

正しく読むためには、まず書き手が意図的にあらわした文章構成に気がつかなければいけません。ここまではっきり示してあれば、小さな子どもであっても気がつくことでしょう。段落ごとに同じ形をくり返している理由は、読み手が読みやすいからですね。1年生であっても、文章を書く所作をしっかりと学ぶのです。

「具体」と「抽象」の理解

さて、別の角度からも考えてみましょう。理由はまだあります。①段落の文をもう一度読み返してみてください。

①段落には「動物は、いろいろなやり方で、敵から身を守っています」という文があります。この一文だけではわからない情報が多々あります。少なくとも「どんな動物」が、「どのようなやり方」で身を守るのかがわかりません（「どんな敵から」もわかりませんね）。つまり、①段落は「抽象的な内容」を多く含んでいます。はじめの段落に一般論として書いているのですね。

その後、①段落で読者がわからなかった情報を②〜⑩段落で例を挙げながら詳細に説明しています。つまり、②〜⑩段落はさらに「具体的な内容」となります。これらの文章は「①段落をくわしく補足するために用意されたもの」という位置づけになるでしょう。

はじめに掲げた理由は文章構成という「型」の問題でした。これは「形式の問題」とも言い換えられます。一方、いま指摘をした理由は「内容の問題」です。おそらく、見た目にわかりやすい「形式」は気がつきやすいはずです。でも、「内容」は気がつかないこともあるでしょう。

①段落が②～⑩段落とくらべて役割が違うと感じるためには、「動物」が「特定の生きもの」ではなく、「カテゴリ」をあらわしていること、「いろいろ」が「特定のもの」ではなく「多種多様なもの」を示していることが感覚としてわからなければいけません。

小さな1年生に「抽象的」というむずかしいことばの意味はつかみづらいものです。だから、実際の教室では子どもがイメージしやすいことばに置きかえて学習を進めていきます。1年生らしいことばで表現すると、「動物」や「いろいろ」は頭の中に「?」が生まれる「はてなことば」です。

厳密にいえば、「いろいろ」は「動物」よりもさらに意味が見えない、「超はてなことば」になりますね（今回は出てきませんが「さまざま」も「超はてなことば」の一つですね)。何の動物かがわからないし、どんなやり方かはもっとわかりません。しかし、抽象的なことばに対する感度があれば、このあとにくわしい説明がきっと出てくるはずだという心構えをもつことができます。

ここで挙げた「いろいろ」ということばは、子どものことばの感覚を知る指標になります。例えば、子どもに「今日は何が楽しかった？」と聞くと「えっとね、いろいろ楽しかった」なんて答えることがあります。あまり意味のある会話にはなっていないですよね。

もちろん、聞き手が知りたいのはくわしい中身であるはずです。「いろいろ」ということばは、何も伝えていないのと変わりません。だから、会話で簡単に「いろいろ」を考えずに使う習慣が築かれている子は、具体的に考えるという感覚そのものがないのです。これは作文にも通じることです。

このように文章の理解には、一つひとつのことばそのものに対する繊細な感覚が求められることが分かるかと思います。①段落を読んだときに、ことばを通してぼんやりした内容だとすぐに実感できたでしょうか。反対に、②段落からはことばがはっきりとしてきたと感じられたでしょうか。こうした感覚が「読めていたかどうか」の判断基準となります。

いま指摘したような言語感覚は、大人も子どもも変わらないと感じています。それはことばをどう学んできたかという一つの結果なのです。

「順序」の理由

いかがでしたでしょうか。一問目では「形式と内容」、「具体と抽象」について考えましたね。

では、二問目にいきましょう。質問は次の通りです。

「文中では『ヤマアラシ、アルマジロ、スカンク』という三つの具体例が挙げられています。どうして筆者はこの順序で書いたのでしょう?」

さて、皆さんならどう答えますか。もちろん、理由もセットで考えてみてください。

おそらく、先ほどよりも答えるのは難しいはずです。ことばをどう学んでいるかを理解するためには、自分自身がことばをどう捉えているかという事実と向き合うことが欠かせません。

はじめにおことわりをしておきますが、二問目の問題にいわゆる「正解」はありません。筆者がどのような意図で、この具体例の順序にしたのかを正確に知ることはできないからです。でも、理由があってこの順序にしたことは間違いないですよね。だから、順序について考えるのは、筆者に近づくことにもなるはずです。

質問に対して少しだけ補足をします。この説明文はまず②・③・④段落がヤマアラシに関わる説明をしていますね。そして、⑤・⑥・⑦段落がアルマジロに関わる説明ですね。そして、⑧・⑨・⑩段落がスカンクに関わる説明になっています。それぞれ三つずつ段落がセットになっています。

試しに具体例の順序を変えてみると、次のようになります。「②・③・④・⑤・⑥・⑦・⑧・⑨・⑩」だった並び方が「⑤・⑥・⑦・⑧・⑨・⑩・②・③・④」や、「⑧・⑨・⑩・②・③・④・⑤・⑥・⑦」などになるということです。各動物の三つずつの段落はセットのままです。たとえ順序を変えたとしても、三種類の動物の具体例が別のものになるわけではありません。だから、本文で伝えている内容自体はそのまま変わらないということになります。

そのうえで、もう一度考えてみてください。

かつてこの1年生の教材をつかって、4年生の児童に授業をしたことがあります。皆さんと同じ問いかけをすると、さまざまな意見が出されました。

皆さんが考えたものと同じ理由はあるでしょうか。挙げられた何人かの意見を紹介します。


「この文章は『動物が敵から身を守る方法』について紹介をする文だよね。ヤマアラシはぱっと見て、すぐにトゲトゲした部分が守る手段だということが分かるでしょ。アルマジロは体の表面がかたそうなことは見た目でわかるけど、丸くなって身を守るのは少し考えないとわからないよね。最後のスカンクは、くさいしるを飛ばして身を守ると書かれているよね。スカンクを外側から見ただけでは、そんな身の守り方をするなんてまったく想像がつかないよ。だからね、『身の守り方がわかりやすい順』に並んでいるんじゃないかな。身の守り方のレベルが確実に上がっていっているよね」

「はじめに、身の守り方がわかりやすい動物がでてきた方が、読んでいる人は安心して読み進めることもできるんじゃないかな。読みながら『そうそう』って思えるよね。だから、ヤマアラシからはじめたほうがいいよ」

「最後に紹介したスカンクの守り方は『攻撃』の要素が強いでしょ。だから、『身を守る方法』という意味を広げるために、いちばん最後にもってきたんだよ」

「スカンクって見た目はすごくかわいらしいでしょ。だから『かわいい動物の意外な習性』みたいなものを最後に紹介すると、読んでいる人にもインパクトがあって印象づけられると思うんだよね」

このような考えが出されました。どうでしょう。一つひとつの子どもの意見に納得するものがありますよね。大人であってもなかなか思いつかない発想もあります。

もちろんこれらが筆者の意図に沿っているかは断言することはできません。中には「スカンクが具体例のいちばんはじめに来た方がいい」という感想もありました。理由を聞いてみると「はじめにインパクトがある例をもってきた方が、読者が惹《ひ》きつけられると思うから」とのことでした。これもまた一つの納得できる意見です。どの意見も筆者と読者の両方の立場から考えていることが分かるかと思います。

「読む」、「聞く」、「話す」、「書く」はつながっている

「読む」には、文章を声に出して表現することも必要ですし、内容を正しく理解することも求められます。それだけではなく、文章から筆者の意図やねらいを感じとることも「読む」の範疇《はんちゅう》になるでしょう。

さらに「読む」という行為の意味をつき詰めていくと、一つひとつのことばに対する理解が必要なことにたどり着きます。「具体的／抽象的」という言語感覚を例に挙げましたが、ことばに対する感度が高いかどうかも読解力の一部です。ことばの意味や価値に誠実に向き合っていないと、正しく読むことはできません。小手先のテクニックだけ

では対応できるはずがないのです。

一方、「読む」という行為を支えている土台は、ことばだけではありません。「どうやって みを まもるのかな」という説明文では、具体例の順序について考えました。順序の理由を思い描くためには、ことばを手がかりにして筆者の考え方に近づく必要があります。これは相手意識がないとできるものではありません。

「聞くこと」をとり上げた第2章でも相手意識の重要性について話をしました。人に対する興味や関心の高まりが「聞くこと」を促進させるのでしたね。だから、本来「聞く」という行為は、受動的ではなく、能動的なのです。

書き手の立場に立って、思考をなぞりながら考える「読むこと」は、「聞くこと」にも通じています。読みながら、見えない筆者に聞いているのです。これは話しかけていると言ってもいいでしょう。読者がやっていることは筆者との対話なのです。

さらにいえば、順序の理由をイメージできる子は、自分自身が文章を書くときにも、どのような文章構成にすれば読者が理解しやすく、自分の主張が届きやすいかを考えられる子です。だから、筆者について考えることは、自分自身をふり返ることにもなるのです。

こうした子たちにとって「読む」、「聞く」、「話す」、「書く」は、ほぼ同じ行為といってもいいでしょう。求められる技能は異なりますが、すべてのことばに対する向き合い方は、どこかでつながっているのです。

だから、読解力を身につける方法には、「対話をすること」も含まれます。例えば、「結局、いちばん言いたいことは何なのだろう？」と話の中心を子どもに考えさせるのも有効です。あるいは「この具体例を自分の経験に置き換えたらどうなるだろう？」というように、自分事として理解させることも重要です。筆者の想いを推し量ることが求められます。

このように「読む」という行為の本質には「書き手に近づいて考えること」という内容が含まれています。「すらすら読めること」に警鐘を鳴らしていたのは、書き手の想いを無視して読み進める習慣が身についてしまうからです。

読んでいる途中で止まって考えられる子こそが、「読むこと」ができているといえるのです。

第5章の復習

・「音読ができること」と「内容を理解していること」は別物である。子どもがすらすらと音読をしたときほど、内容に関わる質問をして子どもの理解をたしかめることが重要である。

・文章の理解は「形式」と「内容」の二つの側面から考える必要がある。特に「具体と抽象」に関わることばの感覚は、「読むこと」の指標となる。

・「読む」、「聞く」、「話す」、「書く」という四つの技能は密接につながっている。そのすべての土台には「相手意識」がある。

・読解力を身につける方法の一つに「対話すること」が挙げられる。常に立ち止まって、書き手に近づいて考える習慣が大切になる。

第6章

解くこと——「算数ができない子」のつくられ方

予習

これまで各章で「聞く」、「話す」、「書く」、「読む」という四つの技能をとり上げてきました。どの技能においても、習熟にはことばの学び方が密接に関わっています。

さて、最後に扱うのは「解く」です。学校教育ではテストと切り離せない行為といえます。当然、テストであれば「解けない」ということが問題視されます。

一般的に子どもが「解けない」のは技能の問題と考えられるかもしれません。ところが、子どもの様子を探ってみると、その原因がことばの理解にあることも多いものです。

本章では、答えの確認に欠かせない「見直し」や、学習理解に必要な「わかる」ということばを手がかりに「解くこと」について考えていきます。

解けないことは気がかりですが、ただ解ければいいというわけでもないのです。

「うちの子は算数ができない」の裏側

「小さい頃から算数が苦手なのよね。だから、うちの子もできないのかしら……」

子どもの学習につまずきが見えると、親にあせりが生まれます。幼い子どもにわからないことがあって当然なのですが、将来が見えてしまった気になるのでしょう。

「どうしたら算数ができるようになるのか……」という親のことばは切実です。

「文系・理系」ということばに代表されるように、算数の得意・不得意をきっかけにして、その後の進路を決定することも少なくありません。「数」に対する苦手意識は、一度抱くとなかなか変わらないこともあります。

学力も遺伝的な影響を受けると指摘されています。そうすると、もう運命的に決まったものとして、はじめからあきらめたくもなります。

でも、すべてが遺伝的な理由で片づけられるわけではありません。

一般的に算数では与えられた問題を解くことが求められます。「算数ができない」という背景には、「問題を解けない」という課題が存在しています。その様子を見て、親は「うちの子は算数ができない」と嘆く構図です。

しかし、子どもの解き方を見ていると、一概にその原因が算数に対する理解にあるとは言いきれないケースも多々あります。

そこに見えるのは、やはりことばの意味と価値に関わる理解の問題です。

算数なのに「ことばの問題」というと意外に聞こえるかもしれません。でも、算数ができるためには、ことばに対する意識が不可欠なのです。

そのことを理解するために、実際に算数の問題を解いてみましょう。

小学1年生の足し算の難しさ

次に挙げるのは、小学1年生の足し算の例です。二つの問題をくらべてみてください。

①すくすく公園に子どもが3人います。のびのび公園に子どもが2人います。二つの公園に子どもは何人いますか。

②すくすく公園に子どもが3人います。あとから子どもが2人遊びに来ました。すく

すぐ公園には子どもが何人いますか。

式にして答えを求めてみると、同じ「3＋2」ですね。大人はもちろん、中・高生であっても、二つの問題に悩むことはおそらくないかと思います。当たり前だと感じますよね。

でも、小さな子どもであれば、頭を抱えることもあります。そんな姿を目にしたときに、親は「なぜこんな簡単な問題もできないのかしら……」と途方に暮れるのです。

しかし、これは悩む子どもの方が正しいといえます。①と②とでは状況がまったく違いますよね。

①は異なる二つの公園に子どもたちがいる状況であり、その総計が求められています。頭の中に求められるのは、「⬇●⬆」のような合わさるイメージでしょうか。一方、②の動きは一つしかありません。例えるなら「●⬆」の動きになりますね。

多くの子どもが悩むのは、「＋」という記号が異なる二つの状況で同じように使えることです。むしろ、悩んでいる子の方が状況を正しく摑んでいるのです。これを同じ足し算として考えてよいのか、と。「足す」ということばと「＋」という記号理解の問題なのです。

だから、1年生の教室であれば、①は「がったい算」、②は「おっかけ算」なんて勝手に名称をつけながら、その違いを動きで理解をさせることがあります。

①のときには両手をバンザイするように掲げて、くっつける動作をします。②であれば、片方の手を挙げ、あとからもう片方の手をくっつけるのです。動きは違うけれど、結果として同じことになるね、と。だから、「＋」を使っていいんだね……といった感じです。

抽象的な物事を理解するのは、子どもにとっては難しいことです。具体的に動きをやってみることで、はじめて「足す（＋）」ということばや記号が自分のものになります。

文章題に「すべての」とか「ぜんぶで」ということばを見つけると、反射的に足し算にする子もいます。たくさんの問題を解いているほど、この傾向が強いようです。ことばに注目させることは大切ですが、そのようなパターン理解に慣れると部分的にしかことばを見なくなります。だから、問題文の状況を正しく理解しようとする姿勢をつくることが大事になるのです。

いかがでしょうか。1年生の足し算は決して簡単ではありません。次の例では、もう少し学習が進んだときの「計算の仕方」について考えていきます。子どもの間違え方に着目をしていきましょう。

「見直し」の頻度

親は子どものテスト結果が気になるものです。子どもがさりげなくランドセルから取り出してきた算数テスト。遠目から見ても、明らかに「×」が目立ちます。一瞬で悲観的なことばが頭の中に並び、お母さんはわが子の未来を案じます。

あまりの間違いの多さに啞然《あぜん》として、思わず興奮気味に問いただします。

「ねえ、計算の仕方わかっているの?」

「わかっているよ!」

乱暴に言い返すわが子に、さらにいら立ちを覚えます。

「わかっていないじゃない! だって、こんなに間違っているもの!」

「たまたま、間違えちゃったんだよ！」

「この×の数が、たまたまなわけないでしょ！」

会話が進むにつれて、お互いにだんだんとヒートアップしてきます。

子どもが計算方法を理解していないという事実を、どうにかわからせたいお母さん。もはや意地になっています。一方で、負けじと息子も「わかっている」と主張をしつづけています。

少しクールダウンしたお母さんは、思い直して息子に提案をしました。

「それじゃあ、いま目の前でもう一度解いてみてよ！」

ぶつぶつと文句をつぶやきながらも、息子は解きはじめます。お母さんが確認をしてみると、どうやら計算の仕方自体は理解している様子です。落ち着いて解けば、できないわけではないことがわかりました。

「我が子には計算能力がない」とひそかに頭をよぎったことは、ひとまず忘れてよさそうです。

少しだけ胸をなで下ろしながらも、決め台詞《ぜりふ》のように一言。

「わかっているなら、今度からちゃんと見直しをしなさいよ！　約束よ！」

また別の日。似たような計算問題のテストがランドセルから発見されます。親に見せないということは、結果は望ましいものではなかったのでしょう。目立つ×の数と、前回と変わらない光景を見て、天井知らずに感情が高ぶっていくお母さん。

息子をつかまえて、早速お説教がはじまります。

「ほら、やっぱり見直しをしていないじゃない！」

「しているよ！」

「していないわよ！　していたら、ここまで間違えないわよ！」

「本当にしているって！」

二回目ともなると、もはやお母さんはたしかめません。「きっと油断をして、見直しをせずに解いたはず」……このように思い込んでいます。

すぐに問題集を買ってきたお母さんは、「とにかく解きなさい！　見直しも完ぺきにしなさい！」と子どもに告げるのでした。

「見直し」の中身

さあ、どうでしょう。子どもの答案を見てみると「なぜこんな間違え方をしたのだろう?」と思うのはよくあることです。中・高生の皆さんも、小学生の頃の答案を見ることができたとしたら、びっくりするかもしれません。そのとき、このお母さんの気持ちもわかることと思います。

でも、例に挙げたやりとりは、「算数ができない」といった話ではありません。これも「ことばの教育」の範疇《はんちゅう》になります。

親子のやりとりをもう一度確認をしてみましょう。

ずれているのは、「見直し」ということばです。

この子に「どうやって見直しをしたの?」と聞いてみましょう。こんなふうに返してくれるかもしれません。

「最後に答えが書いてあることをちゃんと見たよ!」

たしかに見直しはしていますね。うそはついていません。

ことばのやりとりは、表面的に終わってはいけないことがよくわかります。特に子どもには、具体的に聞いたり、わかるように示したりすることが必要です。

「見直し」には「自分のしたことを再確認する」という意味があります。だから、お母さんは「もう一度、最初から計算をしなおす」というニュアンスで使っていました。大人にとっては当然のことかもしれませんが、子どもは自分なりにことばの意味を解釈しながら、まじめに見直しをしているのです。

こうしてみると、お互いにとっての見直しの中身はまったく違うものです。この伝わらなさは、実際にお母さんが具体的な見直しの方法を教えなかったことにも原因があります。どちらかといえば、親の側に問題があるのです。

ことばの理解が「計算力」に影響する

子どもの「見直し」について、もう少し具体的に考えてみましょう。小数のわり算の問題を解く場面です。

問題　6.8÷3.2

計算方法を手順として知っている子は、商（わり算の答えのこと）が「2.125」であることがわかるでしょう。ドリルなどで計算問題をある程度こなしている子にとっては、難なく解けるかもしれませんね。

Aくんは、習った手順通りに計算をしました。最後に、見直しをするべく筆算に書いた数字と解答用紙に記入した数字を見くらべています。二つの数字が合っていることを確認すると、すぐに鉛筆を置きました。

「できました！　答えは2.125です！」

自信満々な様子です。

Bくんは、筆算が終わって次のように考えました。

「えっと、これって大体7÷大体3になるから、答えは2に近くなるっていうことだよね。うん、2.125なら、やっぱり合っていそうだな……」

はじめに答えの見通しをもつことを「見積もり」と言いますが、Bくんは解いた後に答えを概算でたしかめたようです。

Cくんは、筆算が終わって次のように考えたようです。

「よし、答えは2.125だった！……でも、合っているかな。……念のため、たしかめもしておこう。2.125×3.2……よし、6.8になった」

慎重派のCくんは、着実に検算（たしかめのためにもう一度する計算のこと）もしています。二回くり返し同じ答えになったことで、安心して計算を終えることができたようです。

三人の男の子たちの計算は全員答えが「2.125」であっています。だから子どもたちは口々にこのように言います。

「見直ししたよ！」

――いかがでしたか。明らかに「見直し」ということばの意味はずれています。

あらためて、それぞれの「見直し」の意味を確認してみましょう。

Aくんであれば「記入漏れをチェックすること」になりますね。これは最低限の見直しともいえるでしょう。

Bくんは「答えの大体のあたりをつけること」といえそうです。Aくんよりも時間をかけていますよね。

最後のCくんは「問題をあらためて解き直すこと」と考えているようです。Cくんがいちばん「見直し」の意味を重く受け止めているのです。

結果だけで判断をすれば、当然三人ともに「問題が解けている」といえるでしょう。

しかし、見直しをどのように捉えているかには、かなりの開きがあることがわかるはずです。このことばの理解の差が、今後の算数の学力形成に影響を及ぼすことが予想できるのです。

見直す習慣と「生活」

子どもがどのように「見直し」ということばを理解していくか考えてみましょう。

一般的に小学校では「『生活』と『学習』はつながっている」という考え方をすることは、第4章（116ページ）で説明した通りです。

極端な例に聞こえるかもしれませんが「学校に行く準備を自分ですること」と「計算

が正しくできること」は、根底でつながっているという感じです。これは広い意味で「学ぶ」という行為が、常に生活の延長線上にある事実を指し示しています。意味がわかりづらいので、あらためて具体的に説明をしますね。

次のような場面を想像してみてください。お母さんが子どもの宿題を確認するところです。

「宿題は全部見直したの？」

「うん、見直したよ」

「どれどれ……（ちょっときたない字だけど、まあ内容は間違っていないから）うん、いいでしょ」

このやりとりで子どもが学習をするのは、「見直し」という行為が「最低限のレベルで、あやまりがない程度に確認をする」ということです。親が認めているので、基準が低くなるのは無理もありません。そのように「ことばの教育」をしているのですから。

一方では同じような状況でも、次のようなやりとりになる場合があります。

「宿題は全部見直したの？」

「うん、見直したよ」

「どれどれ……これ提出するのよね。だったら、もう少していねいに書いた方がよくない？　これを見て、先生はあなたのことをどういう人だと感じるかしら。どこを直したら、もっとよくなると思う？」

普段から子どもに「見直し」が誰か（何か）につながる行動だと具体的に教えていれば、「見直し」という意味は「自分や誰かのために、万全を期して確認をする」という内容になるはずです。当然、先ほどの例よりも高い基準で見直しをするようになります。

すでに紹介した通り、子どもの成長には「相手意識」が関わっているのでしたね。

生活の中で学んでいる「見直し」の基準に照らし合わせて、子どもは計算練習で実践をしています。先ほど「学校に行く準備を自分ですること」が「計算が正しくできること」と関係していると伝えました。細心の注意をはらって持ち物の確認をしている子は、計算の場面でもミスがないかをくり返し見直すでしょう。

こうした一見関係のない習慣が、テストにも響いてくるものです。「生活」も「学習」も「見直し」という観点から見れば、深いつながりがあるのです。

社会人になると、書類のチェックなどをする際に「これ、見直しておいて」と指示をされることもあります。複数の新人にお願いをしてみると、その仕事の差に愕然《がくぜん》とすることもあるでしょう。明らかに間違っているのに「見直したんですけど……」と言い切ってしまう人もいます。その人にとっては、それが「見直し」の意味なのです。

小さい子どもが木登りをしているときに「ずっと見ていてくれよ」と声をかけられた若者が、しっかりと子どもが木から落ちるまで、ずっと見ていたなんて笑い話もあります。こんな笑い話ほどではないものの、現実的にことばの意味は、人によって同じことばとは思えないほどに変わってくるのです。

「算数ができない子」のつくられ方

「見直し」の例でお母さんからお説教をされていた男の子は、実際には計算方法は知っていたのです。手順として、どのように解いていけば答えがでるのかはわかっています。だから、算数ができないわけではないのです。

課題は何かと問われれば、「見直し」ということばの理解にあることがわかるでしょう。そのため、「見直し」の仕方を具体的に子どもに教えることが大切です。見積もりや検算の仕方を覚えれば、計算ミスは減ることでしょう。

しかし、根本の原因は、「見直す」という感覚そのものにあります。

先ほど紹介したように、生活の中に「見直し（細心の注意を伴う確認）」をする場を意識的に増やすことで、その感覚を高めることができます。本来、親は子どもの解き方を目にしたときに、日常生活の姿と関連づけてその原因を考えなければいけません。

子どもが何度も計算問題でくり返しミスをする。なぜこうした事態になるのかわからなければ、おそらく親は「学力に問題があるはずだ」と考えるでしょう。

そうなると、次のような声かけをすることになります。

「とにかく、公式をひたすら覚えなさい」

「最低でも一時間は机に向かって、ドリルをやりなさい」

「来週から駅前の塾に通いなさい」

主な原因が「見直し」にあるのだとしたら、これらの発言がまったくと言っていいほど無駄であることは分かるかと思います。

でも、実際に多くの親はこうした思い込みをしています。当然、子どもが間違えている原因は別のところにあるのですから、すぐに点数が上がることは見込めません。結果として、算数がどんどん嫌いになっていくでしょう。

このような子どもが「計算ができない子」というレッテルを貼られていくのは、大人の側の認識にも問題があると言わざるをえません。

「見直し」と同じような問題点を持つことばに「ケアレスミス」が挙げられます。さまざまな場面で、うっかりミスをしてしまった際によく使われることばですね。

しかし、実際にミスの仕方は違います。問題文の読み取りを間違えたのか、それとも単純なくり上がりをし損ねた計算ミスなのか、もしくは単位を勘違いしてしまったのか……ひとくくりに「ケアレスミス」といっても、内容や理由はそれぞれです。問題文の読み取りミスであれば、むしろ国語の問題ともいえるでしょう。

「ケアレスミス」のいちばんの問題は、ケアレスという便利な表現で失敗の本質を見えなくさせることです。間違いが生じた原因を突き止めようとする意識を奪ってしまうことになります。

ミスの原因がわかれば、子どもに対処のための具体的な行動を伝えることが大切です。「問題文の大事なことばに線を引く」、「図や絵に表して考える」など、子どもの前でやってみせることが効果的でしょう。

例に挙げたお母さんは「見直し」をすることを勧めながらも、実際に息子の解き方までは「見直し（確認）」をしませんでした。子どもは周りの環境から刺激を受けて、ことばを覚えていくものです。普段からこの家庭では「見直し」に対する意識が薄いことが推測されます。

ことばの意味を大人が身をもって伝えていくことは、子どもの学力形成にもつながっているのです。

「間違えること」は成長への通過点

算数が苦手だという理由は、人それぞれあることでしょう。しかし、子どもに「どうして算数が好きじゃないって言うの？」と聞いてみると、次のような返答が多いことを実感します。

「だって、どうせ間違えるから」

問題が解けないために、学習から自分自身を遠ざけていることがわかります。でも、こうした発言を聞くと「問題が解けないこと」も原因ですが、何より「間違えること」が嫌なのだと受けとることもできます。

大人であっても「できない自分」を認めたくないという理由で、むずかしいことから逃げたいときもあるでしょう。子どもも同じです。しかし、その根本にあるのは「間違える」ということばの意味と価値の問題だと私は考えています。

「なぜこんな簡単な問題もできないの!」

「あなたには才能がないのよ!」

「1年生でも解けるでしょ!」

日常生活でこのようなことばを浴びせられた子どもは、失敗することを極端に恐れるようになります。ミスをした瞬間に自分を否定することばが飛んでくるのであれば、無理もありません。

こうして子どもは「間違える」ということばの意味を「してはいけないこと」と学習

していくのです。基本的に答えが一つにしぼられる算数の問題は、どうしても間違えやすいですよね。

中・高生の皆さんはどうでしょうか。いつからか「勉強がきらいになった」という人もいますよね。冷静に考えてみると、いつも間違えることを恐れている自分がいませんか。

でも、子どもは間違えなければいけない存在です。なぜなら、子どもの成長過程を思い描いたときに、失敗は必ずその先にある成功体験へとつながっているからです。

例えば、鉄棒が苦手で、どうしてもさか上がりができない子がいたとします。そんな子が学校の休み時間に友達に教えてもらったり、放課後の公園で一人練習をしたりしながら、ようやくできるようになったとしましょう。

その子にとって、これまで「できなかった自分」は認めたくない存在でした。でも、「できるようになった自分」になれば、「できなかった自分」は決してマイナスな存在ではなく、努力をするきっかけとなった存在として映るでしょう。つまり、過去の自分を新たに意味づけることができます。だから、成長への通過点として「間違い」が必要なのです。

今まで「できない」という思いを抱いていたからこそ「できた」という喜びが生まれます。はじめから迷うことなくすべてできるということは、反対に「できた」、「成長した」という実感を抱くことがないままに大人になることを意味します。むしろ、失敗経験の少なさがその後の成長を阻害するかもしれないのです。

子どもが間違えるということは、新しい何かに向き合っている証拠でもあります。人は動かなければ、新しい何かを得ることはできません。失敗をくり返している人は、失敗するのが当たり前だから、挑戦することに躊躇《ちゅうちょ》がないのです。

このように考えると、間違えや失敗は「しなければいけないこと」であると納得できるかと思います。むしろ、率先して間違えるように子どもの頃から教えなければいけません。その後の人生への向き合い方にも関わってきます。

だから、算数で解けなかった問題があったとしても「ここまではできた」という部分を認め、自信をつけてあげることが大切です。「できるようになっている」という実感が、次へ進もうとする原動力にもなるからです。間違いを通じて「できた」という喜びを得ることは、子どもの成長にとって欠かせないのです。

「できた」、「わかった」の落とし穴

教師は授業に臨むとき、子どもに「できた」、「わかった」という実感をもたせることを大事にしています。授業中に友達の意見を聞いた子が「そうか！」、「ああ！　その方法もあった！」のように声をあげると、うれしいものです。達成感が一人ひとりの成長につながっていると間近で感じられるからです。子どもが何かに気がついた瞬間のおどろきの表情は、本当にかがやいて見えます。

実際に問題に取り組む場面でも「わかった」という実感を抱いた子は、ものすごい勢いで鉛筆を動かしていきます。答えが出ると、「できた」とつぶやきながら満足して顔を上げるのです。こうして自信を深めていきます。

しかし、子どもの成長に欠かすことのできない「できた」、「わかった」という感覚には、気をつけなければならないこともあります。

「かけ算」の例で考えてみましょう。次のような問題を解く場面を思い描いてください。

問題「50×12」を工夫して解きましょう。

既習事項を活かせた子はすぐに「わかった」という反応を示すはずです。

「前に分配法則って習ったな。たしかカッコで括《くく》ればいいから……(50×10)+(50×2)になって……600だ!　できた!」

きっとこの子は、その後すぐにいきおいよく手を挙げることでしょう。

「できる」、「わかる」ということばの意味と価値には「物事を理解する」という内容が当然含まれます。今まで漠然としていたものがはっきりしたときに生まれる感覚といってもよいでしょう。もちろん、人の成長にとって好ましいことです。

しかし、同時に「できる」、「わかる」という感覚を抱いた瞬間に、人はそれ以上考えなくなるのです。言い方を変えれば、納得のいく答えが出たのですから、そこで学習は終わることになります。

先ほど「できた!」と口にした子は、この時点で優越感や安心感につつまれていることとでしょう。しかし、さらに立ち止まって見ると、12を2×6に置き換えて「50×2×6＝600」とも考えられます。

別の解法もあります。まず、50を2倍して「50×2×12＝1200」と計算します。次に、積（かけ算の答えのこと）を2で割って元に戻すと「1200÷2＝600」と求めることもできますよね。

落ち着いて考えれば、他の解き方にも目を向けられたはずです。思い浮かばなかったのは、問題が解けた喜びの感情が邪魔をしているからです。

「できる」、「わかる」ということばには肯定的なイメージが付きまといますが、実は「考えることを止める」という欠点もあります。そのため、油断につながる感情だと子どもに教える必要があるのです。

「解く価値」をどこに置くか

「できる」、「わかる」ということをめざして、人は学びます。しかし、「できる」、「わかる」ということばを簡単に使ってしまうと、思考停止状態に陥ってしまうこともあります。

第4章では漢字テストの例を通じて、「表面的な点数ではなく、内容に目を向けること」が大事であると伝えました。「間違え方」によっては、同じ80点であっても意味しているものは違うのでしたね。今度は「正解の仕方」に目を向けてみましょう。

次に挙げるのは、「面積」の問題となります。まずは小学生の気持ちになって、解いてみてください。

＊　＊　＊　＊

問題　色のついた部分の面積を求めましょう。

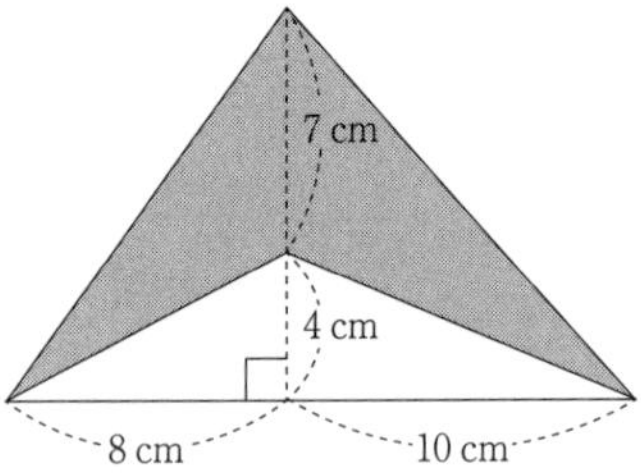

それでは、解答編です。こんな面積の問題を解いたのは小学生以来だなんて方もいたかもしれませんね。三角形の面積を求める公式は覚えていましたか。「底辺×高さ÷2」

でしたね（子どもに公式の丸暗記はおすすめできませんが、進行の都合上すぐにお伝えしておきます）。

さて、問題では「色のついた部分の面積」を求めるように指示されています。慣れている子は問題を見た瞬間に、出題者の意図を読み取ります。この問題を解いているあなたも、次のように考えたかもしれません。

「なるほど、大きな三角形（全体【▲】）から小さな三角形（【△】の部分）を引けばいいのか」

おおまかですが、簡単に記号で考え方をあらわせば「▲－△」になりますよね。つまり、99㎠－36㎠となります。「色のついた部分」を求めるために「色のついていない部分」を利用すればいいのですね（これから便宜的にこの解き方を以下「▲－△」と示します）。

計算をしてみると、63㎠になります。いかがですか。答えを見て、ほっとした方もいるかもしれませんね。

おそらく、この考え方をした人は、「色のついた部分」と「色のついていない部分」

の関係が自然と見えたのだと思います。そのこと自体を出題者のメッセージだと考えた人もいるかもしれません。相手意識をもっていることの表れですね。

でも、実際には別解もあります。すでにお気づきの方もいるかもしれませんが、この問題の向きを横にしてみてください。すると、7cmを同じ底辺として、高さが10cm、8cmと異なる二つの三角形の面積を出すだけです。

先に挙げた「▲－△」は少し計算がめんどうな引き算をつかいますが、「◣＋◢」にしてみれば、単純な足し算になります（この解き方も以下便宜的に「◣＋◢」と示しますね。余談ですが、8cmと10cmを足して「底辺が7cmで高さが18cmの大きな三角形」と置きかえても考えられますね）。

どうでしょう。単純なのですが、大人であっても「▲－△」が思いついた瞬間に、他の考え方を捨てた人もいませんでしたか？　これが「できた」や「わかった」の怖さです。

でも、「◣＋◢」と考えられる子はそうではないのです。おそらく、「▲－△」は同じように見えたはずです。そのうえで、次のように考えたのです。「▲－△」で解けるのはわかった……けれど、ほかの解き方はないかな」と。

もちろん、はじめに「◣＋◢」で解いた子もいるでしょうし、「▲－△」のほうが思いつかなかった子もいることと思います。ここで押さえておきたいのは、「一つの解き方しかできなかった子」と「二つの解き方ができた子」が、ともに同じ「できた」という感覚を抱いているという事実です。「一つの解き方しかできなかった子」は、むしろ「『できなかった』という感覚」を抱かなければいけない場面ともいえるでしょう。

「解けること」をゴールにしてはいけない

この問題がテストで1問5点の配点だとしたら、どちらの解き方をしても「5点」です。でも、意味と価値は明らかに違いますよね。

実際にやってみると、多くの子どもが「▲－△」で解くことと思います。おそらく解法をパターンとして認識している子ほど、この解き方をするはずです。そのこと自体を否定するつもりはありません。

ただし、「考え方」という観点に立ったときに、後者の「◣＋◢」と考えた子は「物事の見方を変える」という視点をもっているのです。

これは何かの問題に対処するときに、物事をより多面的に見られることの証《あかし》でもあります。「できた」、「できなかった」という単純な「5点の差」では済まされないことがわかるかと思います。社会に出たときに求められるのは、「問題を解く」だけではなく、「問題を多面的に捉えて解く」という視点ではないでしょうか。

本来、子どもに価値あることとして伝えなければならないのは、こうした見方や考え方そのものにあるはずです。「……けれど、ほかの解き方はないかな」と考えられた子は、答えを出すことではなく、答えの求め方を考えていたのです。これがこの子の「解く」の意味と価値です。

先ほど解いていただいた皆さんのなかには、「◣＋◢」という視点が思いつかなかった方もいることでしょう。新たな解法を知ったとき、「ああ、たしかに！」というおどろきの感情が生まれたはずです。豊かな発想力は、その人の存在価値を高めることにもつながります。

勉強熱心な大人に見られる「とにかく問題が解ければいい」という指導は、目先の得点を上げることには有効かもしれません。パターン理解をくり返せば、入学試験を突破することもできるでしょう。でも、その先は不透明です。解くことに努力を重ねる時間を否定はしませんが、一面的な見方だけを学習する弊害があるともいえます。

算数テストは最短距離でもっともわかりやすい解法を求めがちです。基礎・基本を鍛えることは決して否定されるものではありません。しかし、最短距離が必ずしも正しい道（解法）とはかぎらないことも事実です。複数の道（解法）に気がつき、その中から自分で選択できる力こそ身につけさせたいものです。

問題をひたすら解く訓練は、子どもの目が「多様な解き方」にいくことをさまたげてしまいます。「解けるか、解けないか」という二者択一の態度で大人がいるかぎり、子どもに「物事の見方を変える」という視点は、残念ながらおそらく身につかないでしょう。「5点の価値はすべて同じ」と考える子が育つことになります。

「算数ができる子」でも安心できないことがわかったかと思います。「解けること」を学習のゴールにしてしまうと、物事を一面的に見る子が育つ危険性もあります。「わかった」からこそ、自分の考えをもう一度疑える子が伸びるのです。

「解ける」という事実だけに価値があるわけではありません。適切な「ことばの教育」によって、子どもは多面的に「解くこと」の楽しさを学んでいくのです。

第6章の復習

・算数ができない原因の一つに「見直し」という作業の認識の違いがある。親は子どもに「見直し」のやり方や意味を具体的に教えることが大切である。

・「間違えること」は「だめなこと」ではない。子どもの成長には、当たり前のように失敗ができる環境づくりが求められる。

・「できた」、「わかった」ときに生じる喜びは、思考停止につながるきっかけになる。複数の解き方を価値づけることで、物事を多面的に見る子が育つ。

おわりに――「ことばの教育」で子どもは伸びる

本書は、次の声かけからはじまりました。

「何回言えばわかるの！　いいかげんにしなさい！」

はじめにお伝えしたように、親が子を注意する場面はめずらしい光景ではありません。通りすがりであれば、聞き流してしまいますよね。

しかし、ふとしたときに「子どもは何を感じているのだろう？」、「どうして親の言うことを聞かないのだろう？」と立ち止まって考えてみると、思わぬ発見があります。

「何回言えばわかるの！」が届かない子どもは、ことばの理解が足りないのです。

何より「『親』が叱っていること」の意味をわかっていません。他の誰でもない「親」が感情的に「叱る」に至ったことは、ふり返って理由を考えなければいけない出来事ですよね。でも、そもそも叱られる価値を感じていないのかもしれません。

また「自分がやってしまったこと」の意味もわかっていないでしょう。「片付けができないこと」が叱られる理由であれば、「整理」の重要性を理解していません。「着替えが間に合わないこと」であれば、「時間」のかけがえのなさを学んでいないのです。「手を洗わないこと」であれば、「病気」の怖さを実感していないのでしょう。

さらにいえば「何回」の意味も、「わかる」の意味もわかっていないのかもしれません。……何らかのことばの意味と価値が正しく伝わっていないから、親子のコミュニケーションをかけ違えるのです。

一つひとつの学びには、すべてのことばの理解が複合的に混ざっています。ことばへの感覚が子どもの性格や行動に影響しているのでしたね。

「聞く」、「話す」、「書く」、「読む」、「解く」……本書では学びの土台もことばの理解にあることを示してきました。

そのように考えれば、「ことば」には「学力」という意味も含まれていることがわかります。

だって、ことばを通じて、物事を理解しているのですから。学力は知識や技能だけの単純な問題ではないのです。

毎日の生活を通じて、ことばに敏感な子は、相手の話を聞き落とさないように集中して耳を傾けることでしょう。そのような子は読み手の姿をイメージしながら、ていねいに文章を書くのです。問題文のことばも一つひとつ吟味して読むはずです。

考えてみれば、当たり前のことです。でも、この当たり前の現実に目を向ける大人は少ないものです。

日々のことばのやりとりが、すべての学びを支えています。

だから、たった一言の「ごめんなさい」に、その子のことばへの意識や感覚が透けて見えるのです。

『学力は「ごめんなさい」にあらわれる』――本書の書名は、この事実がもとになっています。

何気ないやりとりを通じて、子どもは多くの価値観を学んでいます。目の前にある子どもの姿は「ことばの教育」の集大成と言っても過言ではありません。

「こうすれば絶対にうまくいく」なんていう子育てのマニュアルは存在しません。なぜなら、ことばの受け止め方は、子ども一人ひとりすべて違うのですから。その子なりのことばの理解の仕方に目を向けて、地道に考えていくしかないのです。

子どもの「ごめんなさい」から、何かを感じとること——これが「ことばの教育」の手始めになるはずです。

最後になりますが、大学・大学院時代の恩師には、ことばを研究するすばらしさを教えていただきました。これからも「教師」ということばと向き合ってまいります。また、勤務校の同僚や保護者の皆さま、児童の皆さんには感謝の気持ちでいっぱいでおります。今の自分があるのは、皆さまのおかげです。かつての教え子たちから受けとったことばは、しっかりと胸に残っています。

妻や二人の娘たちには、ことばのやりとりが人を支える原動力になると日々実感させてもらっています。いつも、ありがとう。

本書の執筆にあたり、筑摩書房の窪拓哉さんには多大なるご尽力をいただきました。窪さんからかけていただくことばが、何よりの執筆の励みでした。窪さんとの出会いがあったからこそ、『学力は「ごめんなさい」にあらわれる』は世に出ることができました。

「本」ということばの意味と価値を広げてくださった誠実なお仕事に、心から感謝申し上げます。

二〇二四年七月

岸　圭介

chikuma primer shinsho

ちくまプリマー新書 466
学力《がくりょく》は「ごめんなさい」にあらわれる

二〇二四年八月十日　初版第一刷発行
二〇二四年十月十日　初版第三刷発行

著者　岸圭介（きし・けいすけ）
装幀　クラフト・エヴィング商會
発行者　増田健史
発行所　株式会社筑摩書房
東京都台東区蔵前二－五－三　〒一一一－八七五五
電話番号　〇三－五六八七－二六〇一（代表）
印刷・製本　株式会社精興社

ISBN978-4-480-68492-9 C0237　Printed in Japan